Combatendo o Bom Combate - Como lutar contra o Terrorismo com uma Operação de Paz

Rogerio Cietto

Published by Rogerio Cietto, 2012.

Combatendo o Bom Combate – Como Lutar contra o Terrorismo com uma Missão de Paz

Publicado por Rogerio Paiva Cietto no Smashwords

ÍNDICE

BIBLIOGRAFIA

RESUMO

Este trabalho discute o novo desafio que o terrorismo impõe à comunidade internacional no Século 21, os atores internacionais em posição para enfrentá-lo, os instrumentos disponíveis para lhe fazer face, e os métodos para implementar estes instrumentos. Depois de uma breve descrição das três gerações de operações de paz executadas pelas Nações Unidas e outros atores internacionais e regionais, é exposto o arcabouço legal para as relações internacionais relativas ao uso da força, ou seja, o Direito Internacional Humanitário e os Direitos Humanos. Após, explicamos a ameaça à paz e segurança internacionais que constitui o terrorismo, suas formas, métodos e motivações, bem como sua relação com as operações de paz. Posteriormente, assumimos que o terrorismo deve ser considerado um crime em direito internacional, de modo a punir seus atores efetivamente. Depois de uma breve apresentação do Sistema ONU, e seus órgãos relacionados a operações de paz e terrorismo, discutimos os esforços feitos até agora para combater o terror, especialmente a coleta de inteligência. Para concluir, reafirmamos a necessidade de respeitar o Direito Internacional Humanitário e Direitos Humanos, e também defender a Soberania Estatal, para lutar contra o terrorismo no longo prazo. Esta pesquisa é fundamentada em uma larga pesquisa baseada em extensa bibliografia.

Palavras Chave: Operações de Paz da ONU. Terrorismo. Direitos Humanos. Direito Internacional Humanitário.

ABSTRACT

This work discusses the new challenge that terrorism imposes on the international community in the Twenty First century, the international actors in position to tackle it, the instruments available to counter them, and the methods to implement those instruments. After a brief description of the three generations of peace operations carried out by the United Nations and other international and regional actors, we will expose the legal framework for international relations concerning the use of force, i. e., International Humanitarian Law and Human Rights Law. Later, we will explain the threat to international peace and security that constitutes terrorism, its forms, methods and motivations, as well as its relations to peacekeeping. Afterwards, we will assume that terrorism should be considered a crime under international law, in order to punish their actors effectively. After a brief presentation of the UN System, and its organs related to peacekeeping and terrorism, we will discuss the efforts made so far to combat terror, especially the gathering of intelligence. To conclude, we will re-affirm the need to respect International Humanitarian Law and Human Rights, and also defend State Sovereignty, to fight terrorism on the long term. This research is based on a broad research relying on an extended bibliography.

Keywords: UN Peace Operations. Terrorism. Human Rights. International Humanitarian Law.

RÉSUMÉ

Ce travail présente le nouveau défi que le terrorisme impose à la communauté internationale au XXIème siècle ainsi que les acteurs internationaux en mesure d'y faire face, les instruments disponibles pour les contrer, et les méthodes pour les mettre en œuvre. Après une brève description des trois générations des opérations de paix menées par les Nations Unies et par autres acteurs internationaux et régionaux, nous exposerons le cadre juridique pour les relations internationales concernant l'usage de la force, que sont le Droit international humanitaire et les Droits de l'homme. Plus tard, nous présenterons la menace à la paix et la sécurité internationales que représente le terrorisme, ses formes, méthodes et motivations, ainsi que ses relations avec les opérations de paix. Par après, nous exposerons notre vision, à savoir que le terrorisme doit être considéré comme un crime de droit international, dans le but de punir ses acteurs de manière efficace. Après une présentation du système des Nations Unies, et ses organes dédiés à la paix et au terrorisme, nous discuterons des efforts déployés jusqu'ici pour lutter contre la terreur, en particulier les efforts liés à la collecte d'intelligence. Pour finaliser, nous réaffirmerons la nécessité de respecter le Droit international humanitaire et les Droits de l'homme, et aussi défendre la souveraineté de l'État, pour combattre le terrorisme sur le long terme. Notre recherche repose sur une bibliographie et une documentation exhaustive.

Mot-clés: Opérations de Paix de l'ONU. Terrorisme. Droits de l'Homme. Droit international humanitaire.

DEDICATÓRIA

Este estudo é oferecido, primeiramente, a Deus, que permitiu que fossem alcançados nossos objetivos e cuidado de cada detalhe. Meus sinceros agradecimentos à minha família, Camila, Maísa e Alessa, por cada momento que precisei estar ausente, em virtude de reuniões e inúmeros dias na frente de livros e computadores, e também pelo apoio diário e ajuda, que proporcionaram condições essenciais para a realização deste trabalho.

Meus sinceros agradecimentos ao Sr. Yvan Connoir, da Chaire Raoul Dandurand da Universidade de Québec à Montréal (UQAM) e do Peace Operations Training Institute (POTI), pela orientação e conselhos compartilhados por este trabalho.

Meu muito obrigado ao Cel Nolasco, Cel Lamim e Cel Napolis, do Batalhão Brasileiro no Haiti, por todo o apoio e experiência compartilhados.

"O Direito da Guerra, portanto, é derivado da necessidade e da estrita justiça. Se aqueles que dirigem a consciência, ou o conselho de príncipes, não se submete a esta máxima, a consequência é nefasta: quando eles procedem por princípios arbitrários de glória, conveniência e utilidade, torrentes de sangue estender-se-ão pela terra" Charles de Secondat, Barão de Montesquieu, *The Spirit of the Laws*. Université de Nice, 2010.

TABELA DE ABREVIATURAS

AC *Ante Christum*

CEL Coronel

COTIPSO Certificate of Training in Peace Support Operations

CT Contra Terrorismo

CTC Counter Terrorism Committee

CTED Counter Terrorism Executive Directorate

DPKO Department of Peacekeeping Operations

DDA Department for Disarmament Affairs

DPA Department of Political Affairs

ECOSOC Conselho Econômico e Social (Economic and Social Council)

ECOWAS Economic Community of West African States

FBI Federal Bureau of Investigation

FCE *Forces Conventionnelles en Europe*

GA Assembléia Geral (General Assembly)

ICC International Criminal Court

ICCPR International Covenant on Civil and Political Rights

ICJ International Court of Justice

ICTR International Criminal Tribunal for Rwanda

ICTY International Criminal Tribunal for the former Yugoslavia

IHL (DIH) Direito Internacional Humanitário (International Humanitarian Law)

ISAF International Security Assistance Force

LoAC Direito dos Conflitos Armados (Law of Armed Conflict)

MBA Master of Business Administration

MO Observadores Militares (Military Observers)

MINUSTAH *Mission des Nations Unies pour la Stabilisation en Haïti*

NSA Agência de Segurança Nacional (National Security Agency)

OAS Organização dos Estados Americanos (Organization of American States)

OCHA Office for the Coordination of Humanitarian Affairs

ODCCP Office for Drug Control and Crime Prevention

ONUC Opération des Nations Unies au Congo

ONUCA *Observadores de las Naciones Unidas en Centromerica*

Res Resolução

ROE Regras de Engajamento (Rules of Engagement)

SALT Strategic Arms Limitation Talks

SC Conselho de Segurança (Security Council)

SG Secretário-Geral (Secretary General)

START Strategic Arms Reduction Treaty

TC Conselho de Tutela (Trusteeship Council)

TCC Países Contribuintes de Tropas (Troop Contributing Countries)

TSP Terrorist Surveillance Program

UN Nações Unidas (United Nations)

UNAVEM United Nations Verification Mission in Angola

UNIFIL United Nations Interim Force in Lebanon

UNIIMOG United Nations Iran-Iraq Military Observer Group

UNGOMAP United Nations Good Offices Mission in Afghanistan and Pakistan

UNMIK United Nations Mission in Kosovo

UNMIL United Nations Mission in Liberia

UNTAET United Nations Transitional Administration in East Timor

UNTSO United Nations Truce Supervision Organization in Palestine

USA Estados Unidos da América (United States of America)

USSR União das Repúblicas Socialistas Soviéticas (Union of Soviet Socialist Republics)

1. INTRODUÇÃO

Durante o período em que este trabalho era escrito, a Guerra ao Terror (Declarada por George W. Bush em 12 Set, 2001, 10h53m, horário de Washington, <news.bbc.co.uk>) levada a cabo por alguns países ocidentais tornou público o que chamaram de um grande sucesso nesta missão: a morte de Osama bin Laden no Paquistão, líder da organização chamada Al Qa'ida, e o desmantelamento de sua organização. Outras facções apoiadas pela Al Qa'ida, como os Talebans no Afeganistão, também são consideradas como enfraquecidas e desmoralizadas.

Parece contraditório que, depois deste chamado sucesso da Guerra ao Terror, iniciada depois dos eventos ocorridos em 11 de setembro de 2001, a paz e segurança internacionais ainda sejam ameaçadas por atos retaliatórios de grupos terroristas. Talvez esta missão no Paquistão tenha proporcionado o que os terroristas mais precisam: um mártir para se espelharem, e ideais que, apesar de corruptos, ainda motivam muitos a morrer e a matar.

Além disso, as alegações de violações a direitos humanos de detidos acusados ou suspeitos de estarem envolvidos com terrorismo pode alimentar o ódio que os terroristas precisam para recrutar novos membros para sua causa. Para aqueles que conhecem apenas pobreza e sofrimento por todas as suas vidas, acreditar em um mundo fantástico é fácil, e tudo o que um novo recruta precisa fazer para cumprir sua missão é acreditar que o terror é a única forma de ele poder mudar sua condição miserável.

O terrorismo atua por meio de introjetar medo e insegurança em uma população, e como resultado o governo perde sua credibilidade e legitimidade, porque seus cidadãos esperam um certo nível de segurança do Estado em que eles vivem. Entretanto, se o próprio governo age de forma agressiva contra sua população, com o propósito de lutar contra criminosos ou terroristas, o governo perde sua credibilidade da mesma maneira. Nos dois casos, os terroristas ganham alguma deferência da população.

O objetivo do presente estudo é apresentar uma solução alternativa para a luta contra o terrorismo, uma vez que a Guerra ao Terror, apesar de seus êxitos, precisa ser reconfigurada com o intuito de eliminar as causas que fazem um terrorista vir a existir. Ao prevenir as causas primárias do terror, os ideais e crenças do terrorismo serão enfraquecidos.

Para mostrar como o terror pode ser combatido a longo prazo, e ser expulso de uma população específica (minorias em um país instável, por exemplo), é necessário entender alguns temas importantes:

- Quem tem autoridade para combater o terrorismo?

- Quais são as causas que proporcionam que o terrorismo comece?

- Que esforços foram feitos para lutar contra o terrorismo?

- O que é terrorismo, quais são os objetivos e motivações dos terroristas?

- Quais são as regras e leis que regulam esta situação?

O terrorismo internacional, como qualquer ameaça à paz e segurança internacionais, está inserido na jurisdição do Conselho de Segurança das Nações Unidas, que é responsável por autorizar, ou não, medidas contra países ou governos renegados que estimulam ou suportam atividades terroristas, incluindo o uso da força, isto é, atividades militares, embargos econômicos, embargos de armas, entre outros.

Para o propósito deste estudo, apresentaremos os diferentes tipos de operações de paz realizadas pelas Nações Unidas, por três razões, que mostram a relação entre terroristas, de um lado, e os Capacetes Azuis de outro:

- O terrorismo é mais provável de surgir e ser mantido em países instáveis com uma soberania fraca, porque os grupos podem manter suas atividades sem repressão local;

Exemplo: os campos de treinamento da Al-Qa'ida foram possível no Afeganistão porque o governo nacional não foi capaz de detectar e impedir suas atividades.

- Governos que não respeitam, ou não se importam com, os direitos humanos de sua população também criam um bom campo para recrutar novos membros para uma causa terrorista;

Exemplo: a intolerância e ódio de cunho religioso e étnico entre Tutsis e Hutus em Ruanda resultou em atos terroristas nos quais mulheres e crianças foram mortos ou mutilados (crianças que tiveram suas mãos decepadas por machetes para causar medo em todo o grupo étnico).

- Quando o governo usa a força arbitrariamente para manter seu poder perante a população, alguns cidadãos podem ingressar nas forças rebeldes para protestar, e isso ajuda os terroristas.

Exemplo: a maneira enérgica como a polícia política haitiana (*Les Tonton Macoutes*) lidaram com a população durante o governo de Jean-Claude Duvalier (*Bébé Doc*) pode fazer os haitianos se oporem ao governo, e dar suporte para as gangues locais lutarem contra o Estado (este apoio é normalmente indireto, com comida, combustível e esconderijo das autoridades).

Países com estes tipos de problemas, no passado e atualmente, estão na competência do Conselho de Segurança das Nações Unidas quando eles se tornam uma ameaça ou uma ofensa à paz e segurança internacionais, e alguns deles possuíram, ou ainda possuem, uma Operação de Paz empregada em seu território. Uma vez que estão acostumados com este tipo de operação, e são treinadas para lidar com esta situação, os Capacetes Azuis podem ser uma solução alternativa contra a ameaça do terrorismo, se devidamente autorizados e empregados.

Neste estudo vamos apresentar a evolução das operações de paz implementadas pelas Nações Unidas, os princípios e linhas de ação que guiam suas atividades, suas origens durante a Guerra Fria, sua mudança de papel e responsabilidade depois do fim da Guerra Fria, a reformulação de seus objetivos depois de um período de redução, e seus maiores sucessos e fracassos.

Posteriormente, vamos expor os principais instrumentos legais que podem ser aplicáveis nas relações internacionais entre Estados e indivíduos, compreendido nas regras de Direito Internacional Humanitário, nos quais suas obrigações devem ser respeitadas por todos os atores envolvidos, os governos, os militares, outros envolvidos e o pessoal da ONU.

O que é o terrorismo, como ele é usado por indivíduos e governos em diferentes lugares do mundo e através da história, e seus motivos, os alvos primários/secundários dos atos terroristas, e onde/como o terrorismo é mais provável de surgir, são explicados na sequência.

Então vamos introduzir a controversa discussão sobre a definição legal e a competência jurisdicional para examinar alegações de terrorismo e processar seus autores, definição de alta importância para a repressão deste tipo de crime, e a necessidade de não se evadir do devido processo legal (*rule of law*) ao adotar medidas coercitivas.

Conflitos de competência podem surgir quando dois ou mais órgãos jurisdicionais acreditam que eles são o único órgão responsável para impetrar procedimentos criminais contra terroristas. Estes conflitos podem ocorrer entre Estados, ou entre um Estado e uma corte internacional. A doutrina jurídica para resolver este impasse é apresentada a seguir.

Para uma melhor compreensão do sistema ONU, vamos fazer uma revisão da Carta da ONU, seus objetivos, seus principais órgãos e atribuições, especialmente o Secretariado e o Conselho de Segurança, seus papéis e capacidades ao lidar com uma operação de paz e receber um relatório sobre atos de terrorismo, para poder respondê-los adequadamente.

Um breve estudo das principais Resoluções do Conselho de Segurança, Res 1373 (2001), 1456 (2003) e 1566 (2004) é feito, para mostrar os principais esforços, e consequências, das diretrizes concebidas para fazer face à ameaça terrorista.

Finalmente, dois tópicos merecem atenção, no que concerne à Guerra ao Terror:

- Os instrumentos de Direito Internacional Humanitário e Direitos Humanos são adequados para fazer face aos novos desafios que o terrorismo apresenta? O DIH é um contratempo ao lutar contra o terror, ou a solução para lutar contra o terror adequadamente?

- A soberania de um Estado é infligida quando outro Estado, ou uma coalisão de Estados, ou a Comunidade Internacional, toma uma ação dentro do seu território contra grupos terroristas? É possível que esta ação atinja a soberania daquele Estado, ou a proteja dos atores locais?

Uma resposta adequada para todas estas questões é necessária se a comunidade internacional quer instituir soluções de longo prazo para ameaças contra a paz e a segurança internacionais. Certamente este estudo não pode proporcionar todas as soluções, mas nosso objetivo é trazer novas ideias, métodos e procedimentos na tentativa de resolver um problema que conhecidamente existe por toda a história, e está longe de acabar.

O título deste estudo foi inspirado na Carta de São Paulo a Timóteo, 4:7 (*"Combati o bom combate. Acabei a corrida* (também traduzido como *carreira* em algumas línguas). *Guardei a fé."*). Uma vez que a tradução da Bíblia tem algumas diferenças em cada idioma, é usada a expressão "combatendo o bom combate" ao invés de "lutando a boa luta" (*fighting the good fight*, na Bíblia em inglês), porque a versão da Bíblia em português usa o verbo "combater", e este verbo é mais relacionado a conflitos armados.

2. HISTÓRICO DAS OPERAÇÕES DE PAZ

Antes da Carta da ONU, alguns esforços foram feitos para prevenir que um conflito surja, principalmente por atores locais. Alguns exemplos são a Liga Delian na Grécia antiga do Século X AC, a *Pax Dei* (Paz de Deus) e *Treuga Dei* (Trégua de Deus), pela Igreja Católica medieval, proibindo todo tipo de hostilidades em certas ocasiões (do primeiro domingo do Advento até a Epifania, ou da tarde de quarta-feira até a manhã de domingo, em reconhecimento à ressurreição de Jesus Cristo) e em locais religiosos.

Após, em 1623, Emeric Crucé ofereceu uma opção para a prevenção dos conflitos. Sua ideia era de que todos os líderes estatais, dentro da Europa ou não, deveriam fazer uma aliança para resolver disputas internacionais através da mediação em um conselho mundial sediado em uma localidade neutra. Esta ideia foi seguida por outros acordos orientados à paz como o Acordo de Paz de Westphalia (1648), Utretch (1713), e Paris (1763).

O primeiro sistema que tentou lidar plenamente com a prevenção dos conflitos foi a Liga das Nações, criada depois da Primeira Guerra Mundial, com a missão de regular o uso da força em disputas entre Estados, usando a diplomacia coletiva e a imposição da paz. Infelizmente, ela não pode evitar a Segunda Guerra Mundial, então a Organização das Nações Unidas foi criada, em 1945, não para regular a guerra, mas para prevenir um conflito armado, *ipsis litteris, "para prevenir as futuras gerações do flagelo da guerra"* (Preâmbulo da Carta da ONU).

De acordo com a Carta da ONU (Art. 1), a guerra não é um meio lícito de resolução de conflitos, e qualquer disputa deve ser resolvida por meios pacíficos, de acordo com os princípios de Direito Internacional. O uso da força é prerrogativa do Conselho de Segurança (Capítulo VII), contra atos que ameacem a paz e segurança internacionais, e apenas quando outras medidas forem ineficazes, como a interrupção de relações diplomáticas ou um embargo econômico. O uso da força também é possível em casos de legítima defesa, contra uma agressão armada (Art. 51).

Não há previsão legal das Operações de Paz na Carta da ONU. O Conselho de Segurança pode decidir que há uma ruptura da paz e segurança internacionais e, usando os poderes do Capítulo VI (Resolução Pacífica das Disputas) e Capítulo VII (Atos em caso de Ameaça à Paz, Ruptura da Paz e Atos de Agressão) da Carta, expede uma Resolução com um mandato específico, usando forças militares com o objetivo de preservar a paz entre as partes beligerantes.

Devido ao desacordo entre os dois superpoderes do Conselho de Segurança (EUA e URSS durante a Guerra Fria), as Operações de Paz foram criadas como uma solução para a resolução dos conflitos, um recurso de outros meios para preservar a paz e a estabilidade. Elas começaram como observadores militares de cessar-fogos entre Estados, e depois incluiu tropas de diferentes países, e o uso da força era lícito apenas em legítima defesa. Ultimamente, as Operações de Paz incluem esforços para reconstruir as instituições políticas e o Estado de Direito (*Rule of Law*) de um determinado país.

As Operações de Paz não são uma exclusividade do sistema ONU, apesar da maioria dos soldados empregados hoje usar o Capacete Azul e o distintivo da ONU em seus uniformes. Organizações regionais, com base no Capítulo VIII da Carta, e autorizados pelo Conselho de Segurança, podem usar tropas para prevenir ameaças e ofensas à paz e segurança. Por exemplo, podemos recordar a Força de Paz Interamericana, criada em 1965 pela Organização dos Estados Americanos (OEA) e empregada na República Dominicana para prevenir que a violência aumentasse devido à instabilidade política em seguida ao assassinato do ditador Rafael Trujillo em 1961.

As Operações de Paz da história da ONU podem ser distinguidas em três diferentes períodos: durante a Guerra Fria (1948 a 1987), em seguida à Guerra Fria (1988 a 1996), e o ressurgimento das Operações de Paz (1996 até hoje).

2.1. OPERAÇÕES DE PAZ DURANTE A GUERRA FRIA

Observadores Militares foram usados pela primeira vez em 1947, durante hostilidades na Indonésia, para supervisionar um cessar-fogo assinado entre o Exército Real Holandês e o governo indonésio, e assistir no repatriamento das forças holandesas. Foram usados poderes do Capítulo VI da Carta, principalmente a diplomacia.

O Conselho de Segurança tomou uma decisão contra uma ruptura da paz durante a Crise da Coreia, em 1950. Entretanto, não foi uma Operação de Paz, porque as forças não estavam sob a direção do Secretário-Geral, ou do Conselho de Segurança.

A primeira Operação de Paz foi criada para fazer face à crise árabe-israelense, em 1948, depois da criação do Estado de Israel. A *United Nations Truce Supervision Organization in Palestine* (UNTSO), que está funcionando até hoje, tem a missão de monitorar se uma trégua é observada pelas facções beligerantes. O nome manutenção da paz ("peacekeeping") não foi mencionado, mas foi a primeira vez que observadores militares foram empregados após um conflito.

Dentre os princípios que guiam a organização e o funcionamento da UNTSO, os princípios da imparcialidade e consentimento foram definidos por Ralph Bunche. Ele também decidiu que os observadores militares não deveriam portar qualquer tipo de armamento, para prevenir um engajamento contra eles por qualquer grupo.

A controvérsia sobre a nacionalidade dos observadores militares foi resolvida ao requisitar pessoal de todos os membros da UNTSO. Eles permaneceram ligados aos seus respectivos exércitos para fins administrativos, mas recebiam ordens das autoridades da ONU, e recebiam seu pagamento nacional acrescido de uma bonificação da ONU. Eles usavam uma braçadeira da ONU sobre seus uniformes nacionais.

Com a ajuda dos mediadores da UNTSO, Israel assinou armistícios com quatro Estados árabes (Egito, Jordânia, Líbano e Síria). O Conselho de Segurança deu autonomia à UNTSO e a colocou dentro da autoridade do Secretário-Geral, tornando-se a primeira operação de manutenção da paz na história da ONU.

Dos Estados anfitriões (que recebem as tropas da ONU em seu solo) espera-se um alto grau de cooperação com o pessoal da ONU, e garantir a segurança das tropas da ONU, de acordo com a Convenção de Privilégios e Imunidades das Nações Unidas.

Os *peacekeepers* têm a competência de lidar com reclamações sobre o cessar-fogo feita por civis locais ou pelos grupos separados. Monitorar um cessar-fogo significa reportar qualquer ato que possa ser interpretado como hostil em relação a uma das partes, como por exemplo:

- Presença de tropas ou equipamentos em zonas desmilitarizadas;
- Presença de áreas defensivas em zonas desmilitarizadas;
- Atirar através de uma linha de demarcação entre as partes;
- Sobrevoos em espaço aéreo proibido;
- Cruzamento não-autorizado da linha de demarcação.

Outras Missões de Observadores da ONU foram empregadas na fronteira Índia-Paquistão em 1949 e também 1969, Líbano em 1958, Iêmen em 1963, e República Dominicana em 1965. Todas elas tiveram tarefas bem delimitadas, como monitorar uma área de fronteira, supervisionar a retorno de tropas de um cessar-fogo ou um armistício, e normalmente com uma duração limitada.

2.2. OPERAÇÕES DE PAZ EM SEGUIDA À GUERRA FRIA

A rivalidade entre os dois superpoderes começou a diminuir após a retirada das tropas soviéticas do Afeganistão, e as consequências da corrida armamentista com os EUA na economia russa. A nova política implementada por Mikhail Gorbatchev, chamada *Glasnost* (abertura política) e *Perestroika* (reestruturação econômica) diminuíram as tensões internacionais, e as relações entre a União Soviética, posteriormente Rússia, e os EUA mudaram, de competição para cooperação.

Depois da Guerra Fria, novas missões de manutenção da paz foram empregadas, com o apoio dos dois superpoderes, e elas foram capazes de cumprir suas missões:

- Missão de Bons Ofícios da ONU no Afeganistão e Paquistão (UNGOMAP) em 1988, para monitorar a retirada das tropas soviéticas, e receber reclamações sobre violações do cessar-fogo;

- Grupo de Observadores Militares da ONU no Irã-Iraque (UNIIMOG) em 1987, para estabelecer e monitorar linhas de cessar-fogo, e supervisionar a retirada de tropas;

- Missão de Verificação da ONU em Angola (UNAVEM) em 1988, para monitorar a retirada de forças cubanas de Angola, e supervisionar o processo de paz levado a efeito pelas partes beligerantes;

- Grupo de Observadores Militares da ONU na América Central, em Costa Rica, El Salvador, Guatemala, Honduras e Nicarágua (ONUCA) em 1989, cuja missão complexa era observar o cumprimento pelos governos de parar de apoiar forças irregulares e movimentos insurrecionistas (incluindo o uso de instalações de difusão de rádio e televisão para fins militares), e não atacar um Estado através do território de outro Estado;

- Grupo de Assistência da ONU à Transição na Namíbia, para supervisionar o cessar-fogo com a África do Sul, monitorar o retraimento das tropas sul africanas, bem como dos movimentos rebeldes.

Outras Missões durante o período 1988-1996 foram consideradas malsucedidas (RAM, Sunil. *The History of United Nations Peacekeeping Operations following the Cold War*, pg. 219), em virtude de:

- Passividade na Bósnia, devido à falta de comprometimento ao reestruturar a polícia local, o sistema judiciário, e a manutenção da lei e da ordem;

- Falta de eficiência no Haiti, porque a UNMIH não foi capaz de qualificar a Polícia Nacional Haitiana e promover a reconciliação nacional e reabilitação econômica;

- Insensitividade em Ruanda, porque não foi capaz de reagir a tempo de prevenir o genocídio;

- Excesso de agressividade e falta de comprometimento na Somália, porque as agências de ajuda humanitária internacional eram roubadas por milícias e bandidos armados.

Outras razões para o insucesso de algumas missões de manutenção da paz são a mudança da natureza do conflito, dos conflitos inter estatais caracterizados pela disputa entre os dois superpoderes e seus aliados, para conflitos intra estatais, com muitas facções locais armadas, forças irregulares e milícias, que respeitam cessar-fogos apenas quando eles lhes dão uma vantagem militar.

Depois de alguns contratempos, o Secretário-Geral Boutros Boutros-Ghali concluiu seu suplemento para *Uma Agenda pela Paz* (Idem, pg. 180), em Janeiro de 1995, reiterando a necessidade de uma aderência estrita aos princípios do consentimento, imparcialidade e uso mínimo da força, e advertiu do perigo de deturpar a distinção entre manutenção da paz e imposição da paz. Este último deve ser delegado para uma potência ou uma organização regional.

Além disso, os princípios basilares da manutenção da paz foram interpretados, de modo a serem usados de forma mais pragmática:

- O Consentimento deve ser conferido em nível estratégico (pela autoridade estatal) e não pelo nível tático (pela população);

- Imparcialidade (não tomar parte em um conflito) é diferente de Neutralidade (não interferir nos assuntos internos de um país);

- A ONU deve estar preparada para defender civis, mesmo que o mandato não seja explícito sobre este poder, pois tal missão é almejada com a presença das tropas da ONU.

2.3. RESSURGIMENTO DAS OPERAÇÕES DE PAZ

Os fracassos de algumas operações de manutenção da paz durante o período 1988 – 1996 levaram a grandes mudanças no tamanho, escopo e complexidade deste tipo de instrumento da ONU. Objetivos multidimensionais foram incluídos, assim os Capacetes Azuis devem possuir habilidades em direitos humanos, polícia civil, assistência eleitoral, ajuda a refugiados e habilidades para a construção da nação (*nation-building*). Habilidades militares básicas ainda são necessárias, mas não mais suficientes.

As missões de aliviar o sofrimento humano e criar instituições para construir uma paz autossustentável são as mesmas. Mas a metodologia mudou. Estas missões de manutenção da paz multidimensionais consistem em um componente militar, que usam armas, e um componente civil, para as atividades de construção da nação. Os objetivos básicos destas novas operações de paz são:

- Prevenir um conflito antes que ele comece, ou impedir que ele cruze as fronteiras de um país;

- Monitorar um cessar-fogo e estabilizar uma situação de conflito, de modo a criar condições para um acordo de paz durável;

- Ajudar na implementação de acordos de paz abrangentes;

- Assistir os Estados na transição de um governo baseado na democracia, boa governança e desenvolvimento econômico.

O ressurgimento iniciou depois do Relatório Brahimi (RAM, Sunil. *The History of United Nations Peacekeeping Operations from Retrenchment to Resurgence*, pg. 131), em Agosto de 2000. Ele recomendou a reestruturação do Departamento de Operações de Manutenção da Paz (DPKO), uma unidade de análise, para assistir melhor em informações no que concerne à paz e segurança, para todos os departamentos da ONU, e uma força de trabalho integrada em New York para planejar e apoiar uma operação de paz do seu início.

O Relatório Brahimi também listou algumas condições para uma operação de paz bem-sucedida:

- Criar estratégias para prevenir conflitos;

- Ter um mandato claro e específico;

- Regras de Engajamento adequadas para a situação;

- As partes no conflito concordam com a operação;

- Recursos humanos adequados, bem como equipamentos e apoio financeiro;

- Quando à ONU são dados poderes executivos temporários, um código penal interino;

- Operações de manutenção da paz comuns devem ser empregadas dentro de 30 dias;

- Para operações complexas, o emprego deve ocorrer dentro de 90 dias.

Como resultado do Relatório Brahimi, o DPKO tem um centro de atividades desde 2006, que trabalha 24 horas por dia, 7 dias por semana, e uma divisão militar foi criada e bem preenchida. Ademais, o DPKO foi assessorado com mais conselheiros militares e policiais, e o UNHQ tem mais pessoal para apoiar operações de paz.

Em um Estado instável, reconstruir capacidades locais leva tempo. Entretanto, Estados membros querem soluções rápidas, e os Países Contribuintes de Tropas (TCC) querem ver suas tropas de volta para casa o mais depressa possível. Esta é a dicotomia que as Operações de Paz encaram hoje.

Na década de 1990, as tropas da ONU eram enviadas principalmente por países desenvolvidos. Entretanto, depois de 11 de setembro de 2001, muitos países contribuintes de tropas transferiram seus recursos (humanos, equipamentos e fundos) para a Guerra ao Terror. Assim, os países industrializados deram espaço para as nações em desenvolvimento para compartilhar uma contribuição maior para a paz e segurança internacionais.

Ao invés de um problema, esta responsabilidade trouxe mais combustível para as operações de paz, em relação à capacidade de financiamento e a credibilidade da missão, nos termos que seguem:

- A taxa de câmbio para os países em desenvolvimento é favorável para os pagamentos da ONU. Uma vez que a ONU paga em dólares americanos, o TCC vê o dinheiro multiplicado quando é convertido para sua moeda interna. A ONU paga o mesmo, mas o país tem mais fundos disponíveis.

- Países desenvolvidos são às vezes acusados de imperialismo, e de interferir nos assuntos internos de outros países para seu benefício. Portanto, a população pode perceber as tropas da ONU como invasores. Por outro lado, países em desenvolvimento têm, ou tiveram em sua história recente, os mesmos problemas institucionais que a população do país anfitrião está sofrendo. Isto gera uma empatia natural entre as tropas da ONU e a população concernente porque o soldado da ONU, neste caso, já viu este cenário desafortunado em seu país natal, e sabe lidar com isso.

Em resumo, as operações de paz foram criadas para lidar com tensões entre Estados, e foram também usadas com sucesso em conflitos internos dentro de Estados instáveis, em um esforço para mediar uma solução, implementar o diálogo entre as partes beligerantes e proteger a população civil. Estas experiências de campo estão intimamente ligadas com o esforço contraterrorista estudado neste trabalho, e será retomado posteriormente.

3. DIREITO INTERNACIONAL HUMANITÁRIO E DIREITOS HUMANOS

O arcabouço jurídico internacional no qual as Operações de Paz trabalham, principalmente o Direito Internacional Humanitário, precisa de um estudo atencioso com o fulcro de entender os desafios modernos que o Terrorismo, e a Guerra ao Terror, estão impondo a ele.

Cada civilização criou "células de humanidade", formando um conjunto de regras para limitar o uso da violência e também encorajar a solidariedade para as vítimas de um conflito. Frequentemente estas regras eram aplicáveis apenas aos mesmos membros do grupo ou civilização. Por exemplo, Platão escreveu que certas limitações deveriam ser observadas nas guerras entre as cidades gregas, mas estes limites não eram aplicáveis à luta contra os persas (VEUTHEY, Michel. *Droit International Humanitaire*).

Estas regras procuravam garantir a sobrevivência da população. Guerreiros não deveriam atacar mulheres e crianças, destruir plantações ou árvores, envenenar fontes de água ou destruir locais e prédios sagrados porque estas ações poderiam colocar em perigo a sobrevivência da população.

A definição mais simples e mais comum de DIH é a "Regra de Ouro" definida como *Não façais a outros aquilo que não quereis que vos façam*. Esta demanda de reciprocidade na limitação do uso da força e em solidariedade relativa à ação humanitária está presente na maioria das tradições religiosas, como o hinduísmo, o confucionismo, o xintoísmo, o budismo, o taoísmo, o zoroastrismo, o judaísmo, o cristianismo e o islamismo.

Nos países asiáticos, o budismo, o hinduísmo e também o taoísmo, o confucionismo e o xintoísmo, elencam princípios de humanidade para o tratamento do inimigo durante um conflito armado. Exemplo: o japonês *Bushido* (*Bushi* = Samurai, e *Do* = caminho).

O budismo possui dois princípios fundamentais: *maitri* (benevolência) e *karuna* (misericórdia, compaixão), muito próximos do significado de humanidade (MILLET-DEVALLE, Anne-Sophie. *Religions et Droit International Humanitaire*).

O hinduísmo possui regras sobre o tratamento humano dos inimigos derrotados, bem como da lealdade em combate, e o uso de armas que causam ferimentos supérfluos. As Leis de Manou (um código de leis com normas morais e religiosas) prescreve que um guerreiro nunca deve usar contra seus inimigos armas traiçoeiras como bastões com lâminas, flechas envenenadas ou couro em chamas (MILLET-DEVALLE, Anne-Sophie. *Religions et Droit International Humanitaire*).

As Leis de Manou também proíbem atacar um inimigo: a pé (quando o atacante está em um veículo), que age de forma feminina, que junta as mãos implorando misericórdia, escalpelado, sentado, ou dormindo, ou que não está usando armadura, completamente nu, desarmado, observando o combate ou atacando outro inimigo, ou cuja arma esteja quebrada, ou jogada no chão, ou seriamente ferido, ou é um covarde ou quando ele está fugindo.

Dois livros sagrados indianos, *Ramayana* e *Mahabharata*, proíbem o uso de armas de destruição em massa, que não permitem a distinção entre combatentes e não-combatentes. Em *Mahabharata*, "Arjuna (um personagem religioso indiano), submetendo-se às leis da guerra, absteve-se de usar a *pasupathastra*, uma arma hiperdestrutiva, porque o combate demandava apenas armas clássicas comuns, portanto o uso de armas extraordinárias ou não clássicas não seria contrária apenas à religião ou às conhecidas leis da guerra, mas também imoral." (*Apud* BALMOND, Louis. *Droit du recours à la force*).

O juiz Weeramantry, da Corte Internacional de Justiça (ICJ) usou esta passagem como um argumento na sua opinião dissidente sobre o Aviso Consultivo da ICJ sobre a legalidade da Ameaça ou do Uso de Armas Nucleares, argumentando que a Corte deve garantir, em seu conjunto, a representação das diferentes formas de civilização e os principais sistemas jurídicos do mundo.

O juiz também citou uma passagem em Deuteronômio (quinto livro do Pentateuco, Velho Testamento) que proíbe o corte de árvores frutíferas (Deuteronômio 20, 19 "Quando sitiares uma cidade por muitos dias, pelejando contra ela para a tomar, não destruirás o seu arvoredo, metendo nele o machado, porque dele poderás comer; pelo que não o cortarás; porventura a árvore do campo é homem, para que seja sitiada por ti?"), os hábitos tribais africanos, a proibição da arma chamada balestra pelo Concílio de Latrão em 1139, bem como a doutrina bem detalhada de São Tomas de Aquino sobre, entre outros assuntos, a proteção de não-combatentes.

O Cristianismo ocidental tentou criar limites através das tradições da Cavalaria e proclamou, nos séculos X e XI, a *Treuga Dei* (Trégua de Deus) e *Pax Dei* (Paz de Deus), uma iniciativa da Igreja. De acordo com estas proclamações, todas as hostilidades eram proibidas em certos períodos do calendário litúrgico (do primeiro domingo do Advento até a Epifania, da Quarta-feira de Cinzas até a Ascensão) e em certos dias da semana (da tarde de quarta-feira até a manhã de domingo, em memória da Paixão e Ressurreição de Jesus Cristo) e em locais de culto religioso.

Os primeiros defensores do Direito Internacional Humanitário, não por coincidência, eram religiosos, que reconheciam a dignidade inerente a todo ser humano, criado à imagem de Deus, como São Tomás de Aquino (1225-1274), o dominicano Francisco de Vitoria (1483-1546), Baltazar Ayala (1548-1584), o jesuíta Francisco Suarez (1548-1617) e o protestante suíço Emmerich de Vattel (1714-1767).

A codificação do Direito do Conflito Armado (Law of Armed Conflict, LoAC) foi uma iniciativa do Czar Alexandre II, da Rússia, onde representantes de 15 Estados europeus participaram de uma conferência em Bruxelas, em 27 de julho de 1874, para estudar o projeto de um acordo internacional sobre as leis e costumes da guerra. O texto inicial foi adotado com algumas mudanças. No entanto, muitos Estados não queriam aceitar um acordo obrigatório, portanto o texto não foi ratificado. De toda forma, este foi um importante primeiro passo para a codificação das Leis da Guerra (VEUTHEY, Michel. *Droit International Humanitaire*).

O Instituto de Direito Internacional, durante uma conferência em Genebra, nomeou um comitê para examinar a Declaração de Bruxelas e submeter ao Instituto sua opinião e propostas complementares. Os esforços do Instituto levaram à adoção, em 1880, do Manual de Oxford sobre a Lei do Conflito Armado Terrestre. A Declaração de Bruxelas e o Manual de Oxford foram a base para as duas Convenções de Haia, concernentes ao conflito armado terrestre e disposições relacionadas, adotado em 1899 e 1907.

Durante séculos, as nações começaram a ter a convicção de que a lei deve se impor na esfera dos conflitos, de modo a evitar seus efeitos mais desastrosos. O desenvolvimento de novas formas de comunicação, de armas de destruição em massa e armamentos cada vez mais sofisticados conduziram à uma conscientização mundial sobre as características desumanas e sanguinolentas dos conflitos contemporâneos.

Esta conscientização teve uma evolução notória no Século XIX, com a prática de coalizões, capitulações e convenções de armistício. Estas evoluções, voltadas para humanizar o tratamento das vítimas do conflito, nasceu de regras consuetudinárias, revelando o desenvolvimento de uma ética combatente.

Um processo válido de construção de normas legais internacionais foi iniciado durante a segunda metado do Século XIX, com os esforços de Henri Dunant na Europa, que presenciou a cruel Batalha de Solferino, e posteriormente idealizou a Primeira Convenção de Genebra, em 1864, e Francis Lieber, que escreveu o primeiro código promulgado sobre o assunto, pelo governo dos Estados Unidos da América durante a Guerra Civil de Secessão.

Durante o Século XX, esta evolução tomou lugar com as Convenções de Genebra em 1906 e as Convenções de Haia em 1899 e 1907. Ao codificar um regramento jurídico que era parte do direito internacional consuetudinário, estas Convenções mostraram o início de um direito humanitário para proteger as vítimas, e uma lei concernente à guerra, para limitar as ações do combatente.

O Direito Internacional Humanitário e o Direito da Guerra evoluíram e ganharam alguma eficiência, mas a Primeira Guerra Mundial mostrou, pela primeira vez, a característica incompleta destas normas, e as dificuldades para sua implementação pelos Estados. Novos instrumentos convencionais tentaram preencher as lacunas de um conjunto jurídico que não protegia suficientemente. A Segunda Guerra Mundial, por seu turno, mostrou a necessidade de um conjunto completo de regras que garantam a proteção das vítimas de guerra mais eficientemente. Esta foi a contribuição das Quatro Convenções de Genebra, de 12 de agosto de 1949, que agora constituem a fundação do Direito Humanitário. Estas Convenções foram realçadas nos julgamentos de Nuremberg e Tóquio, onde, pela primeira vez, os acusados de crimes de guerra foram condenados.

Durante a segunda metade do Século XX houve um aumento no campo da aplicabilidade da LoAC, dentro de uma comunidade internacional na qual sua habilidade para funcionar é baseada na Carta das Nações Unidas. A LoAC contém aspectos da proteção da propriedade cultural, meio ambiente natural, a participação de crianças em conflitos armados, a proibição de certas armas, consideradas desumanas ou que causam sofrimento excessivo.

Em paralelo, a fisionomia do conflito armado foi largamente modificada. Conflitos internos trouxeram novos atores não-Estatais (como as organizações terroristas), criando repercussões internacionais múltiplas, e ao mesmo tempo as operações de manutenção da paz e de imposição da paz eram ainda mais comuns depois do fim da Guerra Fria.

O Direito Internacional dos Conflitos Armados é um ramo específico do Direito Internacional Público, e tem três domínios diferentes.

O Direito da Guerra, também conhecida como "Lei de Haia", reagrupa o conjunto normativo das Convenções de Haia, das quais as mais conhecidas são aquelas promulgadas em 18 de outubro de 1907; uma trata das leis e costumes do conflito armado terrestre, e outra sobre o conflito armado naval. Estes textos foram criados para proteger o combatente dos efeitos mais horríveis da guerra, e eles definem algumas regras aplicáveis ao combate, como a proibição da perfídia ou para declarar que não haverá prisioneiros (não dar quartel). As regras delas derivadas procuram proteger alguns direitos que também são ameaçados, como a Convenção de Haia de 14 de Maio de 1954, concernente à proteção da propriedade cultural.

O Direito Internacional Humanitário compreende o conjunto feito pelas Convenções de Genebra de 12 de agosto de 1949, sobre os doentes e feridos (Primeira), os Náufragos (Segunda), os Prisioneiros de Guerra (Terceira) e a População Civil (Quarta). Estas quatro Convenções procuram proteger as vítimas da guerra, em outras palavras, os combatentes *hors de combat* e a população civil que sofre com os efeitos horríveis dos conflitos. A partir do início do Século XX, a proporção de vítimas civis em guerra é muito superior do que as vítimas militares.

Na divisão entre o Direito da Guerra e o Direito Humanitário há um direito combinado, que inclui elementos dos dois ramos. São os dois Protocolos Adicionais às Convenções de Genebra, adotadas em 8 de junho de 1977, em Genebra.

O Direito do Controle de Armamentos reúne as convenções internacionais que proíbem, limitam ou regulam o uso de certas armas ou munições. Ele proíbe armas químicas e biológicas, minas anti-pessoais, projéteis de ponta oca (munição "dum dum"), armas com projéteis não detectáveis por raios X, lasers cegantes, entre outros. O uso de armas incendiárias, por seu turno, é regulado e limitado ao ataque exclusivo de objetivos militares longe de uma concentração civil. Da mesma maneira, o uso de minas que não são anti-pessoais ainda é autorizado, mas apenas se todas as precauções forem tomadas para proteger os civis dos seus efeitos, incluindo após o conflito.

O Direito do Controle de Armamentos completa os instrumentos internacionais concernentes ao desarmamento, como o Tratado de Não-Proliferação de Armas Nucleares, o Tratado Forças Convencionais na Europa - FCE (*Forces Conventionnelles en Europe*) ou o Tratado de Redução de Armas Estratégicas - START (*Strategic Arms Reduction Treaty*) e o Diálogo para Limitação de Armas Estratégicas - SALT (*Strategic Arms Limitations Talks*). Estes instrumentos são paralelos ao Controle de Armamentos, pois ambos buscam uma progressiva redução de certas armas, até seu desaparecimento total, pois o assunto Controle de Armamentos é mais do que a proibição de certas armas.

É durante um Conflito Armado que o poder soberano de um Estado frequentemente manifesta sua força. Neste sentido, alguns Estados não hesitam em privilegiar a eficiência militar em detrimento das regras jurídicas. Ao contrário, o respeito ao Direito dos Conflitos Armados permite a execução de operações militares, limitando os efeitos desumanos da guerra. Isto é uma condição essencial para evitar a ocorrência de um círculo vicioso de barbarismo.

O arcabouço do Direito dos Conflitos Armados, apesar de imperfeito, constitui uma proteção valiosa, para as Forças Armadas e também para a população civil. Ele permite a solução, ou uma tentativa de solução, de situações que são difíceis, complexas ou ambíguas, que caracterizam todos os conflitos armados. Eles delimitam a ação das Forças Armadas, contribuindo para a imagem do país na ocasião de uma intervenção externa.

O Direito dos Conflitos Armados é aplicável a todo conflito armado. Ele pode ser internacional, quando ocorre entre dois estados soberanos, ou não-internacional, cujo exemplo mais frequente é a guerra civil. Conflitos Armados Não-Internacionais devem ser diferenciados de situações de tensão interna, insurreições e outros atos análogos de violência, que não são considerados conflitos.

Tal distinção é importante porque dela deriva o ordenamento jurídico aplicável a cada circunstância. Assim, concernente ao Direito Internacional Humanitário, um Conflito Armado Não-Internacional é regulado pelo Protocolo Adicional II às Convenções de Genebra. Por outro lado, em um Conflito Internacional as partes beligerantes devem se submeter às Quatro Convenções de Genebra e ao Protocolo Adicional I. As regras aplicáveis aos Conflitos Armados Internacionais são mais amplas e mais protetivas do que nos Conflitos Armados Não-Internacionais.

O cerne dos direitos fundamentais do ser humano são aplicáveis a cada situação, mesmo fora de um conflito, e independente de sua característica, se internacional ou não. É o artigo 3º comum às Convenções de Genebra que define as regras básicas para a proteção do ser humano, e também o arcabouço legal dos Direitos Humanos, que listam três princípios importantes:

- **Inviolabilidade**, que garante a toda pessoa e todo combatente o direito de respeito pela sua vida e sua integridade física e moral;

- **Não discriminação** para que toda pessoa seja tratada sem distinção de raça, gênero, nacionalidade, opinião política ou religião (este princípio de Direitos Humanos é diferente do Princípio da Discriminação, específico para o Direito Internacional Humanitário, explicado abaixo);

- **Certeza** para que o indivíduo não seja responsabilizado por algo que ele/ela não cometeu, através das garantias judiciais necessárias e a proibição de represálias, punições coletivas, tomadas de reféns e deportações.

As regras do Direito Internacional Humanitário visam proteger os combatentes em um conflito armado, mas também os doentes, feridos, náufragos, pessoal religioso e de saúde, prisioneiros de guerra, correspondentes de guerra, diplomatas, organizações humanitárias e agentes de defesa civil, refugiados e, como um todo, a população civil afetada por uma situação de conflito armado, especialmente mulheres e crianças.

Os princípios fundamentais do Direito Internacional Humanitário são:

- **Humanidade**, que repousa no desejo de evitar, através de todas as medidas possíveis, danos e sofrimento supérfluos causados pelo uso da força. Neste sentido, a escolha de meios e métodos de combate não é ilimitada, mas tem que respeitar as regras do LoAC que limitam os efeitos perniciosos do uso da violência. A Cláusula de Martens (Esta Cláusula foi criada pelo jurista estoniano Frédéric de Martens, e faz parte de diversas convenções internacionais) dispõe que: "A população civil e o combatente permanece dentro da proteção do *Droit des Gens* (*Jus gentium*, ou Direito Internacional), das regras resultantes dos costumes estabelecidos, os princípios de humanidade e as obrigações de consciência pública". O respeito ao Direito dos Conflitos Armados segue a uma lógica de humanidade. Toda batalha ganha com desrespeito à dignidade humana é, cedo ou tarde, uma batalha perdida;

- **Discriminação**, também conhecido como Princípio da Precaução, impõe aos combatentes a obrigação de distinguir objetivos militares, que podem ser atacados, da população e bens civis, que não devem ser alvo de qualquer ataque voluntário. Uma das maiores dificuldades em implementar este princípio é encontrar uma forma prática de distinção entre objetivos militares e bens civis. O Art. 52 do Protocolo Adicional I às Convenções de Genebra esclarece: "no que concerne a propriedades, os objetivos militares são limitados àqueles que, por sua natureza, localização, destinação ou utilização, demonstram uma contribuição militar efetiva para a ação militar, e sua destruição parcial ou total, captura ou neutralização traz uma vantagem militar completa";

- **Proporcionalidade**, requerendo a abstenção de um ataque do qual se possa prever que vai causar incidentalmente perdas de vidas humanas na população civil, ferimentos à população civil, dano a propriedades civis, ou um conjunto de perdas e danos considerado excessivo em comparação com a vantagem militar concreta que é diretamente esperada. A implementação deste princípio repousa na adequação entre os meios empregados e o resultado militar almejado. A execução do Princípio da Proporcionalidade não exclui o dano colateral que pode afetar a população ou propriedade civil, a menos que sejam exagerados em comparação com a vantagem militar concreta que é diretamente esperada. Tampouco exclui que alguns objetivos, beneficiando de uma proteção especial de uma convenção internacional, se tornem alvos militares, se esta convenção explicitamente menciona a faculdade do atacante de arguir a existência de uma necessidade militar para infligir o ataque.

Respeitar o LoAC é uma garantia de eficácia no cumprimento da missão. Ele aprimora o comportamento do combatente, revigorando o sentimento de disciplina. Ele também facilita a gerência e conclusão de uma crise, e o retorno à paz em um momento onde todas estas questões são primordiais em qualquer intervenção externa.

No equilíbrio entre o Princípio de Humanidade e as Necessidades Militares, o LoAC está no azimute do Princípio da Economia de Forças e Meios.

Para ser eficiente, o LoAC tem que ser respeitado pela grande maioria dos Estados, se não todos. Ele deve encontrar universalidade, para que possa ser aceito por todos. Ele deve também estar rodeado por medidas de confiança, supervisão, controle e sanção.

Do mesmo modo que as obrigações nascidas a partir da moralidade individual e coletiva são implementadas voluntariamente, e não impostas de forma aleatória, obrigações nascidas da lei congregam a população de um Estado que está tentando respeitá-las, e ela pode estar sujeita, se houver base legal, a sanções disciplinares e legais.

Combatentes têm que respeitar, em qualquer circunstância, as normas do LoAC. Não é aceitável em qualquer caso que o desvio de conduta para longe delas, independente do contexto ou da missão, mesmo que o adversário não as respeite.

O Comandante tem uma responsabilidade abrangente neste assunto, e deve assegurar que os membros das Forças Armadas conheçam o assunto e implementem as obrigações que dele derivam. Ele é a pessoa responsável pela instrução e treinamento do LoAC.

É um engano da parte do Comandante acreditar que o LoAC pode ser desconsiderado nas hipóteses em que ele diminui a eficiência militar. Não existe tal hipótese, e a razão é simples: ao respeitar o LoAC, as tropas tornam-se ainda mais eficientes, pois:

- Os disparos que atingem alvos não-militares geram um desperdício de meios e tempo no campo de batalha, e a desmoralização das tropas;

- O apoio da população civil é essencial para a solução de qualquer conflito assimétrico, restaurando a paz a longo prazo (primordial para as Operações de Paz);

- O respeito ao meio ambiente natural ajuda na reconstrução do país no pós-conflito, facilitando o fim do conflito e o desengajamento das tropas no terreno.

Além das medidas disciplinares que podem ser impostas, a inobservância às normas do LoAC também pode conduzir a responsabilização criminal. Os acusados podem ser processados por crimes em tribunais federais ou militares, ou em tribunais criminais internacionais, dependendo da gravidade e extensão dos fatos.

Em conclusão, o soldado, Capacete Azul ou não, que quer entender e usar o Direito dos Conflitos Armados (LoAC) durante sua missão deve seguir três processos básicos:

- Confiança, porque as regras do LoAC apoiam o conjunto da doutrina militar e são considerados em todos os níveis de hierarquia. O desenvolvimento equilibrado destas regras e sua implementação constituem importantes objetivos para países que respeitam seus compromissos internacionais. Ademais, o comportamento de padrão elevado dos Mantenedores da Paz pode servir como exemplo para outros combatentes a aprender e aplicar as mesmas regras e exemplos;

- Realidade, porque o respeito ao Direito dos Conflitos Armados e os Direitos Humanos estão dentro dos anseios das Forças Armadas organizadas e disciplinadas. Mesmo que algumas normas possam parecer complexas ou contraditórias, sua implementação reside no respeito de valores que são importantes para Estados democráticos, e os quais eles estão tentando proteger. Esta implementação é baseada na honestidade e boa fé que guiam o Capacete Azul no cumprimento de sua missão;

- Perseverança, porque o Direito dos Conflitos Armados não é apenas um conhecimento teórico, mas deve também se tornar um estado de espírito que encoraja as instituições militares e cada um de seus membros, em todas as ocasiões. Um comprometimento permanente no nível estratégico faz com que, em todos os escalões subordinados, o soldado perceba que, ao conhecer e respeitar as normas dos Conflitos Armados, ele está cumprindo sua missão.

4. TERRORISMO, NOVAS E VELHAS FORMAS

A palavra terror vem do vocábulo latim *terrere*, que significa amedrontar. A palavra e seus termos relacionados foram usados em contextos muito diferentes – no nome de um tirano (por exemplo, Ivan o Terrível, o primeiro czar russo), os períodos caracterizados por violenta instabilidade política (por exemplo, o Reino de Terror durante a Revolução Francesa), e em atos esporádicos de violência conhecidos internacionalmente como terrorismo internacional. A violência não é o aspecto principal, uma vez que violência também foi cometida durante a Primeira e Segunda Guerras Mundiais, e eles não foram em nosso tempo considerados atos de terrorismo. A violência não é o objetivo, mas o instrumento pelo qual uma pessoa pode disseminar o medo (aterrorizar) a população de um país.

Espalhar o medo pode ser motivado por um propósito criminal ou político. De uma forma ou de outra, uma população inteira pode ficar amedrontada sem o uso de terrorismo. Por exemplo, quando a causa é uma doença, como a gripe aviária da China, que ameaçou o mundo todo, ou a doença da Vaca Louca, que assustou até vegetarianos, e também o mortífero vírus Ebola, que causou uma epidemia na África Central durante os anos 90 e início do Século XXI. Algumas pessoas acreditam que estas doenças não eram inteiramente naturais, mas foram disseminadas, caracterizando um caso de bioterrorismo.

Se uma pessoa assumir que a intenção de todo terrorista é disseminar amplamente o medo em uma população, há uma motivação comum nas ofensas criminais que eles cometem. Uma vez que há um elemento comum no terrorismo, seu confronto pode ser feito usando estratégias e táticas defensivas similares. Qualquer ação que possa ser tomada para reduzir o medo e a ansiedade em uma população é um instrumento contraterrorismo eficiente.

4.1. DEFINIÇÕES DE TERRORISMO

Brian Jenkins define o terrorismo como o uso ou ameaça do uso da força com o objetivo de mudança política. Similarmente, o FBI define o terrorismo como o uso ilegal da força ou da violência contra pessoas ou propriedades para intimidar ou coagir um governo, a população civil, ou uma parte dela, com objetivos sociais e políticos (COUNTERTERRORISM, 2002, p. 16).

A Convenção Internacional para a Repressão ao Financiamento do Terrorismo (Adotado pela Resolução 54/109 da Assembleia Geral da ONU, de 9 de dezembro de 1999), define o terrorismo como "atos criminais, inclusive contra civis, cometidos com a intenção de causar morte ou lesões corporais graves, ou tomadas de reféns, com o propósito de provocar um estado de terror no público em geral, um grupo de pessoas ou algumas pessoas em particular, intimidar a população ou compelir um governo ou uma organização internacional, para fazer ou deixar de fazer algum ato". Encontramos definição similar na Resolução do Conselho de Segurança Nr 1566 (2004), adotada em 8 de outubro 2004.

No combate convencional, ou em combate de guerrilha/assimétrico, é possível distinguir combatentes e não-combatentes. Pode-se arguir que pessoas não envolvidas no combate também são mortas no conflito. Neste caso eles não são o alvo principal da ação militar, mas um efeito paralelo do ataque, chamado dano colateral. No combate convencional ou de guerrilha, o objetivo é destruir as forças adversas. Conflitos armados podem ter alta ou baixa intensidade (isto é, ocupar ou não território estrangeiro), como muitos conflitos em todo o globo, sobre independência (ex-repúblicas da União Soviética e ex-colônias européias), minorias étnicas (na África e Oceania) e tráfico de drogas (América Latina). Conflitos Armados podem ser simétricos (entre Estados) e assimétricos (entre um Estado e grupos ou facções rebeldes).

Entretanto, atingir não-combatentes é o cerne do terrorismo internacional. Devido ao sigilo em que esta atividade é trabalhada, o ato terrorista é colocado em prática por um pequeno grupo de agentes, que recebem suporte logístico e financeiro de organizações fundamentalistas e governos simpatizantes. Certos grupos podem ser suspeitos de apoiar objetivos terroristas quando eles mesmos não estiverem causando o terror. Distinção deve ser feita entre grupos que são realmente a ameaça e outros que são explorados ou usados como disfarce para outros grupos.

O Departamento de Estado americano descreve o terrorismo como um fenômeno em constante mudança, e a natureza da ameaça terrorista mudou dramaticamente. Ele atribui esta mudança a cincoi fatores (COUNTERTERRORISM, 2002, p. 26.):

1. O colapso da União Soviética (e o fim do Pacto de Varsóvia);

2. Mudança na motivação do terrorista;

3. Proliferação das tecnologias de destruição em massa;

4. Aumento no acesso à informação e à tecnologia da informação;

5. Centralização acelerada de componentes essenciais da infraestrutura nacional que aumentaram a vulnerabilidade a um ataque terrorista.

4.2. INTENÇÃO DO TERRORISMO

O Terrorismo é uma dramatização por razões políticas (a intenção específica do ataque terrorista, ou *dolus specialis*, é explicada no próximo capítulo), e há alguns elementos universais nas atividades terroristas modernas (COUNTERTERRORISM, 2002, p. 31 et all.):

1. O USO DA VIOLÊNCIA PARA PERSUADIR, na qual explosivos e outros ataques são usados para ganhar posições com as vítimas-alvo. O termo vítimas-alvo é usado porque o objetivo não está nas pessoas mortas ou feridas. Ao contrário, o ataque pode ser executado para influenciar um governo, uma coalizão ou grupo de governos, de modo a tomar uma decisão ou uma determinada ação, ou tambémpara prevenir ou reprimir uma certa ação;

2. ALVOS E VÍTIMAS ESCOLHIDOS PELA PROPAGANDA MÁXIMA ALCANÇÁVEL, por isso eles escolhem alvos que proporcionarão a atenção mais abrangente da mídia. Este fato é particularmente demonstrado pelos ataques terroristas como a

explosão ao World Trade Center na cidade de Nova Iorque em 1993 e 2001, e a tomada de reféns com atletas israelenses durante os Jogos Olímpicos de Munique em 1972. Outros exemplos são os atentados terroristas em Madri (11 de março de 2004) e em Londres (7 de julho de 2005);

3. OS ATAQUES NÃO SÃO PROVOCADOS, isto é, as vítimas ou alvos não fizeram nada contra os terroristas, o que é verdade para qualquer ato terrorista, uma vez que suas alegadas razões são frequentemente uma história complexa que os terroristas dão para si mesmos para encontrar suporte por seus atos em meio a seu grupo;

4. PUBLICIDADE MÁXIMA COM RISCO MÍNIMO é o princípio norteador de muitas ações terroristas, particularmente aquelas com explosivos. Ataques com explosivos geralmente criam uma boa dose de publicidade, dependendo do local e do período, portanto os alvos são selecionados pelo que eles representam, como embaixadas, atrações turísticas conhecidas em todo o mundo, e instalações similares. Temporizadores de alta tecnologia permitem que a detonação seja planejada para ter um prazo grande, reduzindo o risco para o terrorista ou terroristas, que podem estar muito longe quando o artefato explode ou é encontrado. Outras atividades terroristas favoritas são o sequestro, roubos e assassinatos, que podem gerar publicidade grande e prolongada, mas também um risco maior para o agente. Há uma tendência de mudança cíclica nos ataques terroristas. Depois de uma série de sequestros, a população pode se tornar insensível aos atos, e as próximas tomadas de reféns podem não receber a mesma atenção da mídia, das notícias televisivas à Internet. Ataques com explosivos, sendo menos frequentes durante o mesmo período, podem também ganhar mais publicidade do que outro sequestro. Portanto, uma mudança de tática pode trazer mais propaganda do que outras formas de ataque. Terroristas sempre querem ter cobertura da mídia, portanto eles vão mudar de tática para obter o máximo de publicidade possível.

5. USO DA SURPRESA PARA EVITAR MEDIDAS CONTRATERRORISTAS para atacar alvos altamente protegidos. Mesmo quando há guardas, dispositivos de detecção, e grande segurança nos arredores, o fator surpresa pode ser usado para driblar o equipamento e o elemento humano no sistema de segurança. O tempo é o melhor amigo do terrorista. Depois de um longo tempo sem qualquer evento terrorista, alvos bem protegidos podem ter uma diminuição de suas medidas de segurança. Quando não há planejamento para um ataque suicida, o terrorista vai ficar na berlinda até que a segurança do alvo seja mais favorável.

6. AMEAÇAS, CONSTRANGIMENTOS E VIOLÊNCIA são ferramentas usadas pelos terroristas para manter um ambiente de medo. Os terroristas podem plantar pequenos explosivos ou dispositivos incendiários em locais públicos, como lojas de departamentos e cinemas. Recentemente, terroristas que lutaram contra o governo egípcio atacaram turistas nas Pirâmides e outros sítios históricos. Para a população, não há ligação ou conexão razoável entre a motivação e a localização dos ataques, portanto qualquer ameaça de tal atividade pode criar medo na população.

7. INDIFERENÇA POR MULHERES E CRIANÇAS COMO VÍTIMAS, porque às vezes os locais são escolhidos especialmente para fazer vítimas inocentes, com o intuito de aumentar o ultraje e medo sobre a agressividade do ato terrorista. Isto é outra maneira de receber mais publicidade e cobertura da mídia devido ao sofrimento e morte de não-combatentes. Esta peculiaridade diferencia o terrorista do soldado ou do guerrilheiro. O soldado luta amparado pela autoridade de seu governo. O guerrilheiro luta o mesmo combate que o soldado em táticas e código de conduta, portanto mulheres e crianças não são alvos desejados. Um terrorista pode provavelmente focar em mulheres e crianças como alvos, para incitar um sentimento maior de medo. Portanto, a limpeza étnica mostrada na Bósnia e Kosovo em diversas classes da população na antiga Iugoslávia não foi apenas uma operação

militar, mas terrorismo praticado pela milícia (a natureza legal do ato terrorista é explicada em detalhes no próximo Capítulo).

8. A PROPAGANDA É USADA PARA MAXIMIZAR O EFEITO DA VIOLÊNCIA, principalmente por razões econômicas e políticas. Seria um desperdício para a causa terrorista se a operação terrorista não tivesse publicação. Neste sentido, o Setembro Negro, durante os Jogos Olímpicos de Munique, em 1972, e todos os grupos que imitaram aquela tomada de reféns, proclamando-se responsáveis por ataques em circunstâncias similares, querem publicidade mundial devido a propósitos políticos e econômicos. Do ponto de vista político, o grupo terrorista quer mostrar que eles são uma organização de longa duração, um poder para ser respeitado, e uma força para ser temida. No campo econômico, o grupo mostra a governos favoráveis à sua causa e governos que apoiam grupos terroristas que ele é bom o suficiente para receber apoio financeiro. Mesmo quando terroristas não tomam responsabilidade publicamente por suas ações, muitos atos têm um modo ou formato particular que o caracteriza, ou deixam pistas que levam a eles.

9. LEALDADE A SI MESMOS E A SIMPATIZANTES é uma característica de grupos terroristas que pode ser encontrada entre os armênios, croatas, curdos e bascos, e muitos outros. Dentre eles, a lealdade é tão intensa que eles cometem atos criminais impensáveis por esta lealdade, algo que elementos radicais de um movimento pacífico jamais fariam. Para a maior parte, no entanto, as novas gerações de terroristas não possuem mais a mesma alta lealdade na causa original, o orgulho de defendê-la, e a visão reduzida do objetivo principal. Muitos engajam-se no terrorismo para alcançar benefícios e a perpetuação de sua atividade criminal como objetivo principal. Em conclusão, eles se tornam niilistas e interessados principalmente no retorno financeiro da atividade.

O terrorismo durante as décadas de 1960 e 1970 foi colocado em prática, em sua maior parte, por indivíduos em idade universitária e ativistas políticos com muitos anos de estudo formal. Hoje muitos conflitos de baixa intensidade são praticados por crianças-soldado, muitas das quais ainda não chegaram na puberdade, e tornaram-se insensíveis à violência e emoções humanas.

4.3. MANUTENÇÃO DA PAZ E TERRORISMO

As recentes manutenções da paz trouxeram um desenvolvimento interessante, trazendo um novo objetivo para a missão dos capacetes azuis: as operações de paz têm gradualmente incorporado objetivos contraterroristas nos mandatos de suas missões, e em suas operações.

O terrorismo não é novidade, e tem ocorrido durante uma missão de manutenção de paz desde o seu início. Um exemplo é o assassinato do Conde Count Folke Bernardotte, oficial da ONU para o conflito árabe-israelense (UNTSO), pelo grupo terrorista judaico Stern Gang, ou Irgun, ou Lehi, em 17 de setembro de 1948. Outro exemplo ocorreu na questão Índia-Paquistão, quando grupos considerados terroristas por um dos lados cruzou a fronteira diversas vezes para atacar a população civil, e os Observadores Militares da UNIPOM não tinham autoridade ou poder para realizar atos coercitivos (RAM, Sunil. *The History of United Nations Peacekeeping Operations During the Cold War*, pg. 100).

Separatistas no Congo (Forças de Katanga, que também lutaram contra os Mantenedores da Paz da ONUC e o Governo Central Congolês em 1961, mesmo após o cessar-fogo. Seus ataques terroristas eram claramente intencionados a desestabilizar o governo), de acordo com a definição hodierna de terrorismo, engajaram em atos terroristas, deliberadamente atacando a população civil por propósito político. A presença da missão da ONU na região tinha autoridade para enfrentar esta ameaça, mesmo que ela não esteja escrita no mandato, porque um mantenedor da paz em campo tem a missão implícita de proteger a população civil, dentro de seus recursos.

Entretanto, há um debate sobre a definição de terrorismo hoje, apesar da similaridade de métodos, propósito e vítimas. O *Hezbollah*

(Partido de Deus) é considerado uma organização terrorista por muitas agências federais, como a NSA, devido a seus objetivos políticos e seus ataques armados contra a população civil israelense; mas os *Janjaweed* no Sudão ferem de muitas formas diferentes a população civil de Darfur (eles são considerados um dos responsáveis pelo genocídio no período 2005-2007), mas eles não são considerados um grupo terrorista, apesar do fato de eles terem a mesma motivação do *Hezbollah*, a limpeza étnica de uma região relativa a uma população (povo judeu no Líbano e um grupo étnico no Sudão) (JONES, Bruce. *Looking to the Future: Peace Operations in 2015*, pg. 14).

O Contraterrorismo já esteve presente em uma operação de paz em diferentes oportunidades. No Afeganistão, a ISAF engajou-se em operações ofensivas contra o Taliban, um grupo considerado pela comunidade internacional como um apoiador do terrorismo. Nas Filipinas foi conduzida uma campanha contraterrorista para estabilizar o ambiente, ameaçada pela Frente de Liberação Moro. No Líbano, o mandato da UNIFIL e a capacidade de sua força foi concebida para engajamento em operações contraterroristas contra o *Hezbollah* (Res SC 1701 (2006), expedida depois do Conflito Israel-Hizbullah, Art. 1. clama "para a cessação completa das hostilidades <u>baseada, em particular, na cessação imediata pelo Hisbollah de todos os ataques</u>". <www.un.org>).

Uma missão de manutenção da paz, robusta o suficiente para a missão, pode ser necessária para prevenir depredadores do processo de paz, e proteger a população civil contra ameaças terroristas. Isto não é imposição da paz, outro tipo de operação que é feita quando não há acordo político, e as partes em conflito serão lidadas militarmente (sem consentimento no nível estratégico). Por exemplo, as operações no Afeganistão, nas Filipinas e no Líbano são de manutenção da paz, robustas o suficiente para cumprir seu mandato, porque o objetivo da operação é apoiar um acordo político (JONES, Bruce. *Looking to the Future: Peace Operations in 2015*, pg. 15).

Além da ameaça que o terrorismo impõe contra a população civil, existe outra razão pela qual uma operação de paz não pode carecer da capacidade para lidar com um ato terrorista. As Nações Unidas e seus membros são um alvo privilegiado para um ataque terrorista. O sequestro ou morte de um Capacete Azul pode causar a ausência de apoio político para o País Contribuinte de Tropas, e trazer (ou aumentar) a propaganda contrária à Missão na mídia local e internacional.

As Nações Unidas tiveram um óbice expressivo no Iraque depois do ataque da Sede Principal das Nações Unidas em Bagdá, em 19 de agosto de 2003, quando o Representante Especial do Secretário Geral, o brasileiro Sérgio Vieira de Melo, foi morto por um veículo carregado de explosivos. A imparcialidade e credibilidade da ONU não pode proteger os Capacetes Azuis quando o terrorista usa alvos imparciais e críveis para alcançar o máximo possível de atenção da mídia e de repulsa do público.

Em conclusão, uma capacidade contraterrorista adequada é essencial em uma missão de manutenção da paz por duas razões: os Capacetes Azuis podem ser alvos ou vítimas do terrorismo, e também porque o terror pode ser usado por qualquer parte tentando arruinar o processo de paz.

Para haver uma CT incluída, uma PKO com capacidade contraterrorista deve ter (As posições da ONU, SC e SG sobre Contraterrorismo e Operações de Paz são expostas no Capítulo 8):

- Agentes especializados em negociação de reféns, detecção e desarmamento de bombas, segurança de instalações e infraestruturas, medidas de contrainteligência, e um grupo de assalto;

- Equipamento adequado para vigilância e colega de inteligência de potenciais terroristas na Área de Responsabilidade da Missão, e pessoal especializado;

- Previsão em seus mandatos da possibilidade de empregar estes agentes e equipamento especializado, para trabalhar em coordenação com o governo local;

- Previsão em seus mandatos do uso de inteligência obtida para uma instrução criminal contra a pessoa acusada de terrorismo.

5. QUE TIPO DE CRIME É O TERRORISMO?

A partir da breve exposição do conceito de terrorismo no capítulo anterior, pode-se definir em termos legais que tipo de crime é esta conduta ilegal, e os tribunais competentes para processar terroristas. Um mecanismo claro e certo de repressão ao crime é essencial para prevenir um ato ilegal, e deste ponto de vista o terror não é diferente de outros crimes.

Em síntese, o terrorismo é o uso ilegal, ou a ameaça ilegal de uso, da força ou violência contra pessoas ou bens, com a intenção de coagir ou intimidar governos ou sociedades com o intuito de alcançar objetivos políticos, religiosos ou ideológicos.

O terrorismo é proibido pelo Direito Internacional Humanitário, e nunca pode ser usado como método de combate. O Artigo 51, § 2, do Protocolo Adicional I às Convenções de Genebra dispõe que, em quaisquer circunstâncias, é proibido cometer ou ameaçar cometer violência cujo objetivo principal seja disseminar o terror entre a população civil.

Apesar de o Direito dos Conflitos Armados não especificar sua definição, um ato terrorista, que é estritamente proibido, é diferente de ações realizadas por Forças Armadas regulares ou grupos guerrilheiros que trabalham baseados em, e no nome de, uma organização hierárquica, portam armas ostensivamente durante o engajamento e distinguem-se da população civil.

No Brasil, assim como em muitos países do mundo, o terror é previsto na Constituição Federal de 1988, sua prática é repudiada (Art. 4º, VIII), é considerado inafiançável e não é permitida a anistia ou graça (Artigo 5º, XLIII). Entretanto, em muitos países não há definição legal do terrorismo como um crime, nem a descrição de uma conduta criminal e a punição pelo crime entendido como terrorismo. Esta ausência é explicada por duas razões.

A primeira razão é que um ato de terrorismo também é previsto em outras definições criminais, como homicídio, sequestro e explosão.

Mas o *animus* (*dolus*, ou intenção criminosa) do agente terrorista é bem diferente da do criminoso comum, quando ele ofende a integridade física, a liberdade e a segurança do indivíduo. O fim do terrorista é outro, e isto leva à segunda razão.

A intenção do terrorista é ofender a Nação ou Estado, sua integridade política ou territorial como Nação Soberana. Portanto, o terrorismo é cometido contra uma entidade jurídica de direito internacional público, e a conduta deve ser considerada um crime em Direito Internacional, porque ela ofende bens jurídicos protegidos por este ramo do Direito.

O principal problema que o Contrato Social de Rousseau procura resolver é "encontrar uma forma de associação que defenda e proteja com toda a sua força comum as pessoas e bens de cada associado, e na qual cada um, enquanto unido a todos, possa obedecer apenas a si mesmo, e permanecer tão livre quanto antes" (ROUSSEAU, Jean Jacques. *Du Contrat Social*. Université de Nice, 2010).

O terror retira do cidadão a defesa e proteção garantidas pelo Contrato Social. Portanto, assim como crimes contra a humanidade, crimes de guerra, genocídio, agressão, pirataria e escravidão, o terrorismo deve ser punido por um juiz ou tribunal usando a Competência Universal, ao invés dos critérios territorial, material ou outros, de competência jurisdicional, porque é um crime contra a soberania de uma nação, e deve ser punido em todo o mundo, mesmo se cometido em países que não possuam les específicas contra ele, ou em locais onde não há um Estado Soberano para criar leis nacionais, como no alto-mar e no espaço aéreo internacional (maiores explicações sobre competência jurisdicional são fornecidas no Capítulo 6).

Os exemplos abaixo corroboram que o terrorismo é um crime de direito internacional.

Um conflito intra-estatal no qual uma guerrilha, uma facção rebelde ou qualquer tipo de grupo organizado, An Intra-State warfare in which a guerilla, a rebel faction or any kind of organized group, camufla-se dentro da população e não reclama o território ou parte do território da Nação, é um Conflito Armado Não-Internacional, Assimétrico e de Baixa Intensidade, quando alcança um patamar de operacionalidade que é mais alto que a mera insurgência. Esta explanação corresponde à breve definição de terrorismo previamente exposta.

Uma "guerra ao terror" é mais retórica do que prática, como a "guerra à fome", "guerra às drogas" ou "guerra ao crime", porque, para haver uma guerra, deve haver ao menos duas partes beligerantes ou em conflito. Além disso, declarar guerra não é mais um instrumento lícito nas relações internacionais (Artigo 2º, § 4, da Carta da ONU).

Entretanto, um governo pode usar seu direito de legítima defesa, preemptiva ou real, estipulada no Artigo 51 da Carta da ONU, contra ameaças à sua integridade territorial ou soberania, quando são cometidas por facções rebeldes (*Hezbollah* no Líbano, *Hamas* em relação a Israel), guerrilhas (*Sendero Luminoso* no Peru), e organizações ou grupos criminosos (*Fuerzas Armadas Revolucionarias de Colombia* e *al Qa'ida*).

Estas entidades cometem crimes contra a integridade de pessoas jurídicas de Direito Internacional Público (Estados) ou sua população (um elemento essencial para uma Nação), assim elas podem ser julgadas por tribunais penais internacionais. Em conclusão, os atos terroristas contra Estados ou Nações são considerados crimes em Direito Internacional.

O Estatuto de Roma (que criou o Tribunal Penal Internacional, assinado em 17 de julho de 1998) define Crimes contra a Humanidade (Artigo 7º do Estatuto de Roma) qualquer dos atos abaixo, quando executados por um ataque, disseminado ou sistemático, contra qualquer população civil, com a intenção específica (*dolus specialis*) de cometê-los (algumas definições não estão diretamente relacionadas ao terrorismo, e foram omitidas):

(a) Assassinato;

(b) Extermínio;

(d) Deportação ou transferência forçada de população;

(h) Perseguição contra qualquer grupo identificável;

(i) Desaparecimento forçado de pessoas;

(k) Outros atos desumanos de característica similar que causem grande sofrimento, ou lesões sérias ao corpo ou à saúde mental ou física.

Crimes contra a humanidade, como definidos no Estatuto de Roma, são uma definição ampla que compreende muitos crimes de direito internacional, exceto aqueles não especificamente listados ou mencionados. O genocídio, por exemplo, seria considerado um crime contra a humanidade, mas ele possui uma definição criminal específica, para distingui-lo do termo amplo "Crimes contra a Humanidade".

Do mesmo modo, atos disseminados e sistemáticos de terrorismo são crimes inclusos na definição ampla de "Crimes contra a Humanidade", de acordo com a definição provida acima. Inobstante, o terrorismo poderia ser prevenido de forma mais contundente se o ato criminal de "Terrorismo" estivesse definido como um crime em Direito Internacional.

Definições de terrorismo são encontradas nas leis nacionais e internacionais (veja Capítulo 4), mas todos os Estados-Membros têm que definir o terrorismo em suas leis internas para cumprir seus termos. Entretanto, se se considerar o terrorismo como um crime de Direito Internacional, apenas uma definição é necessária, baseada em patamares internacionais, e seria aplicável a toda a comunidade internacional.

Mesmo sem definição específica no Estatuto de Roma, qualquer dos atos descritos no Art. 7 do Estatuto de Roma podem ser considerados terrorismo (O Código de Crimes contra a Paz e a Segurança da Humanidade, Art. 20, *f*, (iv), refere-se a atos de terrorismo em violação ao IHL em NIAC como crimes internacionais. De acordo com Brownlie, os artigos tornaram-se redundantes depois do Estatuto do Tribunal Penal Internacional. BROWNLIE, Ian. *Principles*, pg. 561), especialmente o grande sofrimento ou lesões sérias ao corpo ou à saúde mental e física descritas no item (k), quando cometidas por um grupo organizado, guerrilha ou facção rebelde.

Guerilhas não são organizações terroristas, mas quando elas usam o terror como método de combate contra um Estado ou uma Nação, eles também estão cometendo um crime em Direito Internacional.

Guerilhas são operações de combate executadas no território ocupado pelo inimigo, principalmente por forças militares ou paramilitares do país ocupado.

Às guerilhas é permitido o combate (elas são combatentes lícitos), e elas recebem o Estatuto de Prisioneiros de Guerra quando capturadas. Eles são lutadores de resistência, milícias e corpos voluntários que não fazem parte das Forças Armadas regulares de um país, elas operam dentro ou for a de seu território, mesmo que este território esteja ocupado, mas elas devem preencher quatro requisitos:

- Ter um comandante responsável por seus subordinados (cadeia de comando);

- Possuir um sinal distintivo reconhecível à distância (uniformes, fardas);

- Portar armas ostensivamente;

- Respeitar, em suas operações, as leis e costumes da guerra.

(Artigo 4º da Terceira Convenção de Genebra sobre o tratamento dos Prisioneiros de Guerra).

Quando a guerrilha usa métodos ou meios ilegais de combate, terrorismo incluso, ele se torna um criminoso de guerra, perde a proteção garantida aos Combatentes e, quando capturado, pode não ser considerado um Prisioneiro de Guerra, e deve ser processado por um tribunal internacional, ou um tribunal nacional usando da Competência Universal.

Por outro lado, o terrorista não preenche todos os requerimentos acima. Ele não pode ser considerado um Prisioneiro de Guerra, mas isto não significa que ele não é um Combatente, devido ao fato óbvio que ainda há um Conflito Armado, e ele está engajado nele. Portanto ele é um combatente ilegal, com a mesma condição jurídica de um espião, usando meios e métodos ilícitos de combate.

Qualquer combatente, reconhecido como tal pelo Direito Internacional Humanitário, pode ser considerado um Prisioneiro de Guerra ou não, dependendo da sua conduta em campo quando ele pega em armas contra um Governo, um Estado ou uma Nação. O terrorista não é diferente de qualquer combatente no início do conflito, mas no momento em que o agente ataca civis com o propósito de ganhar o combate através do medo dentre a população, ele não está mais combatendo legalmente, e perde a proteção em Direito Internacional Humanitário.

Em conclusão, o terrorista é um criminoso de guerra, e deve ser processado como tal (Ao considerar o terrorismo como um crime em Direito Internacional cria-se uma obrigação *erga omnes* para todos os Estados de prevenir e reprimir atividades terroristas, e processar seus autores. Um Estado não pode alegar que o terrorismo não é um crime em sua legislação nacional, ou dar asilo/imunidade a terroristas).

Outro exemplo é o terrorista que usa um civil como refém com o *dolus specialis* de barganhar com o Governo, e também como escudo humano durante uma situação; ele está usando um método ilegal de combate contra um Governo para propósitos políticos. Isto é terrorismo quando alcança uma grande extensão e gravidade, isto é, uma ameaça à existência do Estado.

Em todos estes casos, pode ele ser julgado por um tribunal nacional? A questão pode ser colocada de outro modo: é o juiz nacional capaz e imparcial o suficiente para lidar com tal crime, quando sua pátria-mãe, a população que inclui ele e sua família e amigos, o Estado pelo qual ele trabalha, foi ameaçado?

Uma nação economicamente poderosa e democraticamente forte pode não sentir uma ameaça à sua existência pela explosão de um prédio, ou o sequestro de um alto funcionário do Governo. Mas Estados instáv, como aqueles que requerem o apoio de uma Operação de Paze, são muito mais fáceis de demolir, e sua população é mais vulnerável ao terrorismo.

Os papéis dos tribunais nacionais que podem analisar, processar o ato terrorista, e punir seus autores, e tribunais internacionais que podem desempenhar estas tarefas, serão expostas no próximo capítulo.

6. PAPEL DAS CORTES DE JUSTIÇA LOCAIS E INTERNACIONAIS

Uma vez definido que o terrorismo pode ser considerado um crime em Direito Internacional para a devida repressão judicial, cinco diferentes opções estão disponíveis para o sistema jurisdicional processar o crime de terrorismo:

- Iniciar o procedimento legal em uma corte nacional, composta apenas de juízes nacionais;

- Estabelecer uma corte criminal especial para analisar este crime específico;

- Instituir um tribunal criminal internacional, para o mesmo propósito;

- Mandar o caso para o Tribunal Penal Internacional, em Haia;

- Criar uma corte híbrida, com juízes nacionais e internacionais, para o caso;

De tudo o que foi exposto nos capítulos anteriores, concluímos que uma corte nacional (uma corte criminal do Estado ou Nação afetado) pode não julgar o terrorista apropriadamente, por diversas razões: o clamor público para dar ao terrorista uma punição severa pode prejudicar a imparcialidade do juiz nacional (Sua imparcialidade seria garantida se o ato não envolvesse a si mesmo ou à sua família e amigos próximos, por exemplo. Mas isto é muito improvável, porque o ato terrorista visa à população civil como um todo). O próprio juiz pode perder sua imparcialidade devido ao ódio que o ato terrorista pode haver causado nele, uma vez que o terrorista atacou ou tentou destruir as instituições políticas de sua pátria natal.

Da mesma forma, cortes criminais especiais (ou cortes militares especiais) geralmente não possuem independência e imparcialidade suficientes, o que pode levar a violações ao direito a um julgamento justo, e/ou acesso limitado a advogados, testemunhas e outros meios de provar sua inocência.

Exemplo: Corte Especial para Serra Leoa, criada em 2006 para processar e julgar Charles Taylor, sob acusação de 11 condutas de crimes de guerra e crimes contra a humanidade. Sua presença na Libéria ameaçava o frágil processo de paz, e ele foi transferido para Haia para julgamento (Sua imparcialidade seria garantida se o ato não envolvesse a si mesmo ou à sua família e amigos próximos, por exemplo. Mas isto é muito improvável, porque o ato terrorista visa à população civil como um todo).

Conseguir justiça fora do Estado de Direito (*rule of law*) é mera vingança e não previne o terrorismo. Ao contrário, ele insufla o ódio de outras pessoas contra o governo vingativo, criando um círculo vicioso de violência entre o governo e a oposição armada, no qual a população sofre a força centrífuga no centro.

Um crime em direito internacional requer um processo e julgamento por uma corte usando a Competência Universal, que é garantida por qualquer corte federal (A competência jurisdicional para analisar violações sérias de direitos humanos é comumente dada a Cortes Federais porque, nestes casos, o Estado pode ter desrespeitado uma obrigação em direito internacional (por exemplo, da ICCPR, GA Res. 16 Dec. 1996). Ex: Art. 109, §5º, Constituição brasileira. Ex: U.S. Bill of Rights) de um governo. Entretanto, para garantir o Devido Processo Legal (*Due Process of Law*) ao processar crimes que causaram um sentimento comum e abrangente de repulsa e indignação, devemos aprender com as experiências prévias e lições do passado.

6.1. TRIBUNAIS CRIMINAIS INTERNACIONAIS

O Tribunal Criminal Internacional para a ex-Iugoslávia (*International Criminal Tribunal for the former Yugoslavia* - ICTY) foi criado pela Resolução do Conselho de Segurança Nr 827, de 25 de maio de 1993, baseado no Capítulo VII da Carta da ONU. Ele possuía competência para processar indivíduos responsáveis para graves violações do Direito Internacional Humanitário cometidas no território da ex-Iugoslávia desde 1991, de acordo com as disposições de seu Estatuto (Artigo 1º do Estatuto do Tribunal Criminal Internacional para a ex-Iugoslávia).

A jurisdição do ICTY era limitada a graves violações das Convenções de Genebra. Em outras palavras, violações das leis e costumes da guerra, crimes de genocídio e crimes contra a humanidade cometidos no território da ex-Iugoslávia desde 1º de janeiro de 1991.

Apesar de sua jurisdição paralela com os tribunais nacionais de cada Estado-parte, o ICTY tinha jurisdição primária e podia requisitar que tribunais nacionais renunciassem à sua competência. De acordo com o princípio do *non bis in idem* (a pessoa não pode ser condenada mais que uma vez pelo mesmo crime) casos já processados e julgados por uma corte nacional não podiam ser reanalisados pelo ICTY. Entretanto, por derrogação, para que ninguém escapasse de sua responsabilidade criminal, o autor poderia ser submetido novamente ao ICTY se o *factum delicti* foi descrito como um crime em direito nacional, se a decisão não foi imparcial ou independente, ou se o processo contra ele não foi feito corretamente.

O ICTY foi capaz de condenar à prisão, da mesma forma que outras cortes nacionais na ex-Iugoslávia, mas não podia condenar à pena de morte. Ele também era capaz de determinar a restituição de propriedades obtidas por meios ilegais para seus devidos donos. Os juízes foram eleitos pela Assembleia Geral da ONU, depois de proposições dos Estados dos quais eles eram nacionais.

O Tribunal Criminal Internacional para Ruanda (*International Criminal Tribunal for Rwanda* - ICTR) foi criado em 8 de novembro de 1994 pela SC Res 955 usando o Capítulo VII da Carta, o ICTR era competente para processar indivíduos responsáveis por atos de genocídio, crimes contra a humanidade, violações do artigo 3º comum às Convenções de Genebra e seu Protocolo Adicional II, ou outras violações graves ao Direito Internacional Humanitário, cometidas no território de Ruanda e no território de países vizinhos, entre 1º de janeiro a 31 de dezembro, de acordo com as disposições do seu Estatuto (Estatuto do Tribunal Criminal Internacional para Ruanda, Art. 1º).

O ICTR, similarmente ao ICTY, tinha a mesma competência que as cortes criminais nacionais, tinha jurisdição primária, e tinha poder para trazer a análise casos da competência das cortes nacionais. Como no ICTY, o Princípio do *non bis in idem* não aplicava nos mesmos casos (processado como crime comum, julgamento injusto ou não independente). Era capaz de condenar pelos mesmos crimes que os juízes nacionais (exceto pena de morte) e determinar a restituição de propriedade a seus donos.

6.2. O TRIBUNAL PENAL INTERNACIONAL (ICC)

Na sequência de eventos que tomaram lugar na ex-Iugoslávia e Ruanda, a comunidade internacional percebeu que era necessário aumentar a repressão ao crime internacional através de instrumentos penais internacionais. Assim, dois tribunais internacionais *ad hoc* (para o caso) para a ex-Iugoslávia (ICTY) e Ruanda (ICTR) e, recentemente, o Tribunal Penal Internacional (Criado pelo Estatuto de Roma, em 17 de julho de 1998. A Minuta do Estatuto do ICC foi recomendado à Assembleia-Geral em 1994 por muitas delegações, porque ele seria mais apropriado do que os tribunais regionais *ad hoc* criados pelo Conselho de Segurança. BROWNLIE, Ian. *Principles*, pg. 571), foram criados. Enquanto o ICTY e ICTR tornaram-se ativos logo após sua criação, o ICC começou suas atividades no primeiro dia do mês seguinte ao depósito da sexagésima ratificação de seu tratado fundador (Estatuto de Roma). Em outras palavras, ele se tornou ativo desde 1º de julho de 2002.

O artigo 1º do Estatuto de Roma dispõe que é criado um Tribunal Penal Internacional, uma instituição permanente, que pode exercer sua jurisdição sobre indivíduos, concernente a crimes de alta inquietação na jurisdição internacional. Sua jurisdição é complementar ao papel dos juízes criminais nacionais.

A jurisdição do tribunal é restrita aos crimes mais sérios que afetam a comunidade internacional como um todo. Nos termos de seus Estatuto (Art. 1º, § 5º do Estatuto de Roma), o Tribunal possui jurisdição sobre os seguintes crimes:

- Genocídio (destruir, no todo ou em parte, um grupo nacional, étnico racial ou religioso, através da morte de membros do grupo, ou causar séria lesão corporal ou mental, ou infligir condições de vida calculadas para trazer sua destruição física no todo ou em parte, ou impor medidas para prevenir nascimentos dentro do grupo, ou transferir à força crianças de um grupo para outro grupo);

- Crimes contra a humanidade (ataques abrangentes ou sistemáticos dirigidos contra alguma população civil, como assassinato, extermínio, escravidão, deportação ou transferência forçada de população, prisão ou outra privação severa de liberdade física em violação de regras fundamentais de direito internacional, tortura, estupro, escravidão sexual, prostituição forçada, gravidez forçada, esterilização forçada, ou qualquer outra forma de violência sexual de comparável gravidade, perseguição contra qualquer grupo ou coletividade identificável em termos políticos, raciais, nacionais, étnicos, culturais, religiosos, de gênero, ou outros universalmente reconhecidos como não permitidos dentro do Direito Internacional, em conexão com qualquer ato considerado um crime contra a humanidade ou qualquer crime dentro da jurisdição da ICC);

- Crimes de guerra (violações graves às Convenções de Genebra de 12 de agosto de 1949, contra pessoas ou propriedades protegidas dentro das provisões relevantes das Convenções de Genebra, como morte intencional, tortura ou tratamento desumano, inclusive experimentos biológicos, causar intencionalmente grande sofrimento, ou lesões sérias ao corpo ou à saúde, destruição extensa e apropriação de propriedade, não justificada pela necessidade militar e realizada de forma ilegal e não-provocada, compelir um prisioneiro de guerra ou outra pessoa protegida a servir nas forças de um poder hostil, intencionalmente privar um prisioneiro de guerra ou outra pessoa protegida dos direitos a um julgamento justo e regular, deportação forçada, transferência ou confinamento, tomada de reféns);

- Crime de agressão (planejar, preparar, iniciar ou financiar uma guerra de agressão, ou uma guerra em violação a tratados, acordos ou garantias internacionais, ou participar em um plano comum ou conspiração para o cumprimento do supramencionado).

O Estatuto da Corte foi aprovado em Roma, em 17 de junho de 1998. Ao contrário da Corte Internacional de Justiça (ICJ) que analisa litígios entre Estados, o Tribunal Penal Internacional é competente para processar indivíduos acusados de crimes particularmente graves: genocídio, crimes contra a humanidade, crimes de guerra e crimes de agressão. O ICC exerce sua jurisdição apenas quando o Estado da nacionalidade do acusado, ou o território do Estado no qual o crime ocorreu, é parte da Convenção, ou quando o consentimento é dado expressamente. O Tribunal é suplementar às cortes nacionais. A Corte vai intervir apenas quando os tribunais nacionais não puderem ou se recusarem a trazer as pessoas responsáveis a julgamento (*aut dedere aut judicare*).

O ICC pode iniciar o processo quando provocado pelos Estados-partes, pelo Conselho de Segurança ou *ex officio*, com autorização prévia da Câmara Preliminar. Diferente de outros tribunais e cortes criminais internacionais (limitadas em tempo e território), o ICC pode exercer sua competência e jurisdição no território de qualquer Estado-parte e, através de acordo especial, no território de qualquer Estado.

Os juízes do ICC são eleitos pela Assembleia Geral da ONU, de uma lista criada pelo Conselho de Segurança, depois de proposta pelo Estado do qual eles são nacionais.

O Artigo 89 do Estatuto de Roma cria um importante instituto: a Entrega (*Surrender*). O ICC pode enviar uma requisição de detenção e entrega de um indivíduo, instruído com os documentos referidos no Artigo 91, para qualquer país em cujo território esta pessoa possa estar, e requerer a cooperação deste Estado na detenção e entrega deste indivíduo. Os Estados-partes vão responder a requisições de detenção e entrega de acordo com o Capítulo Nove (Cooperação Internacional e Assistência Judicial) e proceder segundo as regras nacionais.

Este instrumento jurídico foi criado para evitar problemas de Extradição, e apenas o ICC pode usar a requisição de *Surrender* nos crimes de sua competência. O Estado-parte pode recusar a requisição de *Surrender* apenas quando o acusado já está sendo processado pelo mesmo crime, ou já foi julgado (condenado ou absolvido) no mesmo caso.

6.3. JURISDIÇÃO CRIMINAL INTERNACIONALIZADA

Terceira Geração da jurisdição criminal internacional, os Tribunais Criminais Internacionalizados, ou Tribunais Criminais Híbridos, são outra opção para o processamento de crimes de Direito Internacional. São também chamados de Justiça Criminal Internacional de Proximidade.

Este ramo de Justiça Criminal reúne os mecanismos jurisdicionais que juízes nacionais trabalhem lado a lado com juízes internacionais, aplicando a legislação do país onde os fatos ilícitos foram cometidos, permitindo a participação do Estado e sua população no procedimento que vai condenar ou absolver o acusado de crimes internacionais.

A maior vantagem desta metodologia é estar próximo da comunidade que testemunhou os crimes cometidos. Inobstante, eles são juízes *ad hoc*, usando a Competência Universal, nomeados para assegurar a lisura do procedimento, especialmente em crimes nos quais há uma alta pressão interna que pode influenciar a imparcialidade do juiz nacional.

Outra grande vantagem é a oitiva fácil e rápida das testemunhas, e a produção de provas por ambas as partes, porque elas estão próximas dos juízes, e o Tribunal pode utilizar o sistema judiciário nacional para fazer prisões, citações e intimações. Ademais, um julgamento correto, imparcial e justo visto por toda a população pode causar um efeito dissuasório em outros potenciais terroristas.

O julgamento pelos Tribunais Criminais Internacionalizados é baseado na competência interna do Estado, concernente à matéria, à pessoa ou ao local (*ratione materiae, personae* ou *loci*), mas também baseada na Competência Universal. Portanto, não há ofensa à soberania do Estado, evitando o principal problema da aplicação da Competência Universal sozinha.

Exemplo: Tribunais no Camboja, para o processo dos Khmers Rouges, com três juízes nacionais e dois juízes internacionais, e Câmara de Apelação com quatro juízes nacionais e três juízes internacionais.

Exemplo: Tribunal no Líbano, para o julgamento do assassinato do *premier* Rafic Hariri, com dois juízes internacionais e um libanês, e Câmara de Apelação com três juízes internacionais e dois libaneses.

6.4. JUSTIÇA INTERNACIONAL E MANUTENÇÃO DA PAZ

A confluência entre o trabalho dos juízes criminais internacionais e os Capacetes Azuis é evidente: eles são criados pelo Conselho de Segurança, têm mandatos claros e específicos, derivados do Capítulo VII da Carta, uma duração limitada, e seu principal objetivo é restaurar e manter a paz e segurança internacionais, o mesmo objetivo das Nações Unidas (Carta, Artigo 1º, §1).

De todos os ramos de Direito Internacional, o IHL é considerado como o mais teórico e o mais difícil de ser implementado. Em um tempo em que não havia tribunais criminais para processar os violadores do IHL, este ramo do Direito era mais retórico do que prático. Hoje isto não pode mais ser aceito, especialmente no que concerne a crimes que apresentam ameaças à paz e segurança internacionais, como o terrorismo.

É provável que nem todos os casos de terrorismo possam ser levados ao Tribunal Penal Internacional em Haia, porque muitos deles carecem do requisito de crimes mais sérios de importância internacional. Nestes casos, um tribunal criminal internacional ou internacionalizado é a solução para um processo justo, rápido e imparcial dos terroristas.

Ademais, quando o país-hospedeiro não procura, ou não pode, prover meios para o Tribunal Penal Internacional ou tribunais similares cumprirem seus mandatos (principalmente detenção e citação de terroristas, mas também Investigações Preliminares e Inquéritos), os Capacetes Azuis podem desempenhar esta tarefa, quando devidamente autorizados em seus mandatos pelo Conselho de Segurança.

Com a moderna internacionalização dos conflitos armados o Direito Internacional Humanitário tornou-se mais difícil de ser respeitado, pelos militares nacionais (alegando que diminui a eficiência em combate) e facções rebeldes (devido à falta de disciplina). Ainda, o IHL é considerado o ramo de Direito que possui menos meios de implementação, e que está limitado entre os Estados (através de tratados, conciliação, mediação e outros esforços diplomáticos.

O julgamento dos grandes Criminosos de Guerra de Nuremberg declarou, sobre a implementação do Direito Internacional Criminal, que o Direito Internacional impõe deveres e responsabilidades sobre indivíduos tanto quanto sobre Estados, e ambos poderiam ser punidos por violações de Direito Internacional. Crimes, internacionais ou não, são cometidos por pessoas, não por entidades abstratas, e apenas ao punir os indivíduos que cometeram tais crimes podem as provisões de Direito Internacional ser impostas.

Todas as entidades internacionais devem respeitar a Soberania Estatal. Entretanto, quando este Estado não cumpre suas obrigações de proteger direitos humanos (Líbia, durante o governo de Muammar Kaddafi, e Síria, durante o governo de Bashar al-Assad, são dois casos notórios de violações de direitos humanos, que demandaram uma resposta da comunidade internacional) internacionalmente reconhecidos, o Conselho de Segurança ou outra entidade competente pode processar os indivíduos daquele Estado, desconsiderando a

Soberania, em aplicação ao princípio *Hominum causa omne jus constitutum est* (Toda lei é criada para benefício dos seres humanos).

É difícil encaixar um ramo de direito consensual e teórico (Direito Internacional Humanitário) com procedimentos legais práticos e coercitivos (que estão dentro do Direito Criminal). Neste contexto repousa o principal papel dos tribunais criminais internacionais, punindo os violadores de IHL, usando definições doutrinárias e abstratas para tomar decisões concretas e coercitivas, e dessa forma dissuadindo o terrorismo de acontecer novamente.

Para ser eficiente, as decisões das Cortes Criminais Internacionais têm que ter:

- Dissuasão, porque apenas a aplicação rigorosa do Direito Internacional Humanitário pode fazer as partes em conflito respeitá-lo;

- Responsabilidade individual, para evitar a culpa coletiva e o ostracismo por um grupo étnico ou nacional e o desejo de vingança, criando condições para a reconciliação nacional;

- Busca pela verdade, para que a história seja escrita o mais exata possível, protegendo as pessoas envolvidas de revisionismo, criando condições para a paz durável.

Os Capacetes Azuis podem trabalhar como um braço executivo dos Tribunais Criminais Internacionais, trazendo os terroristas para processo e julgamento, e também fazendo investigações, prisões, citações, intimações e outros mandados expedidos pelo Tribunal Penal Internacional, ou outros órgãos criminais internacionais, quando o mandato lhes outorgar expressamente o poder de reprimir e prevenir crimes de Direito Internacional, e o dever de trabalhar como *longa manus* de cortes ou tribunais criminais internacionais.

Exemplo: Devido à imunidade dada pela Nigéria a Charles Taylor, e a reiterada recusa em encaminhá-lo à Corte Especial de Serra Leoa, o mandato da Missão das Nações Unidas na Libéria (UNIMIL) foi mudado pela SC Res. 1638 (2005), para "apreender e deter o ex-presidente Charles Taylor na eventualidade de um retorno à Libéria e transferi-lo ou facilitar sua transferência para Serra Leoa para processo perante a Corte Especial para a Serra Leoa e manter o governo liberiano, o governo serraleoneano e o Conselho totalmente informados". Ele foi preso em 26 de março de 2006 (RAM, Sunil. *The History of UN Peacekeeping Operations From Retrenchment to Resurgence*, pg. 169).

Exemplo: Jean-Pierre Bemba Gombo, antigo senador na República Democrática do Congo, foi preso perto de Bruxelas por autoridades belgas, em cumprimento a um mandado expedido pelo Tribunal Penal Internacional. Ele foi preso em 24 de maio de 2008 (BBC News, 24 May 2008, <news.bbc.co.uk>).

Os exemplos dados mostram que o principal obstáculo para processar violadores do Direito Internacional Humanitário é a ausência de cooperação entre as Cortes Criminais Internacionais e alguns governos que não cumprem mandados de prisão para criminosos em sua jurisdição. Quando não há cooperação para prender criminosos, uma Operação de Paz desempenharia a função, uma vez que possui um componente civil capaz de lidar com o assunto, e um componente militar para prover os meios de segurança necessários.

A exigência de justiça é essencial para fazer a ausência de conflitos (paz negativa) se tornar uma sociedade reconciliada (paz positiva). *Peacekeepers* e as ICC podem trabalhar juntos para isso.

7. A CARTA DA ONU, SEUS PRINCÍPIOS E ÓRGÃOS

As Nações Unidas foram criadas em 1945, com a assinatura e ratificação da Carta de São Francisco. Os antecedentes históricos da criação do Sistema ONU repousa no desfecho da Segunda Guerra Mundial e nos esforços da Liga das Nações para criar um mecanismo de resolução de disputas entre Estados.

A Carta da ONU dispõe todas as obrigações e responsabilidades dos Estados Membros, seus principais princípios e órgãos. O Art. 1 elenca os principais objetivos da organização, para prevenir as futuras gerações do flagelo da guerra:

- Manter a paz e segurança internacionais;
- Desenvolver relações amigáveis entre Estados;
- Alcançar a cooperação internacional para resolver disputas de assuntos econômicos, sociais, intelectuais ou humanitários;
- Desenvolver e melhorar o respeito aos direitos humanos e liberdades fundamentais, sem distinção de raça, gênero, língua ou religião;
- Harmonizar os esforços das nações para objetivos comuns.

Para alcançar estes objetivos, a ONU deve seguir os princípios enunciados no Art. 2:

- Soberania igual de todos os seus Membros;
- Boa fé no cumprimento de suas obrigações;
- Métodos pacíficos para resolver disputas;
- Abstenção do uso ou da ameaça do uso da força nas relações internacionais (i. e., a guerra não é mais uma continuação válida da política internacional por outros meios);
- Dar apoio a qualquer ação da ONU de acordo com sua Carta;
- Abstenção de assistir um Estado contra o qual a ONU tomou medidas preventivas ou coercitivas;
- Estados Não-Membros são chamados para tomar qualquer medida necessária para a manutenção da paz e segurança internacionais;

- Não-intervenção nos assuntos da competência interna dos Estados, exceto as medidas coercitivas do Capítulo VII.

A Carta baseia a ação da ONU em quatro áreas: paz e segurança, assuntos econômicos e sociais, o sistema de tutela, e o órgão judicial. Seis órgãos foram criados para cumprir estes objetivos: a Assembleia Geral, o Conselho de Segurança, o Conselho Econômico e Social, o Conselho de Tutela, a Corte Internacional de Justiça e o Secretariado.

O primeiro desafio do Sistema ONU foi lidar com o embate entre os dois superpoderes (caracterizados pela sua influência nas relações internacionais e a posse de grande capacidade bélica, incluindo armas nucleares), os Estados Unidos da América (EUA) e a União das Repúblicas Socialistas Soviéticas (URSS).

Este embate foi a Guerra Fria, que durou até 1991. Durante este tempo, ameaças à paz e segurança internacionais não puderam ter uma resposta do principal órgão responsável, o Conselho de Segurança. Os dois superpoderes usaram o poder de veto para prevenir o SC de analisar e adotar medidas de segurança coletiva (emprego de forças armadas e outros instrumentos coercitivos).

Quando os métodos conciliatórios para a resolução das disputas não funcionavam, ou não estavam disponíveis (Capítulo VI) e o sistema de segurança coletiva para ação coercitiva em casos de ameaça ou ruptura da paz não estava disponível (Capítulo VII), a solução foi criar a alternativa de *peacekeeping* (manutenção da paz), baseada no "Capítulo VI e meio", que usa ambas normas e poderes legais.

A História das Operações de Paz da ONU, do seu início em 1948 até os dias atuais, já foi exposta. Agora é o momento de um quarto passo na direção da paz e segurança internacionais, ao incluir na missão de manutenção da paz multidimensional uma capacidade contraterrorista, e também adicionar responsabilidades para outros órgãos e agências da ONU afetos ao assunto.

7.1. A ASSEMBLEIA GERAL (GA)

A GA é o maior órgão deliberativo, composto de todos os membros da ONU. Ela pode fazer recomendações aos Estados-Membros ou ao Conselho de Segurança sobre qualquer questão relativa aos objetivos da Carta, exceção feita quando o CS já está examinando o caso, ou já tomou uma decisão.

Portanto, ameaças ou rupturas à paz e segurança internacionais podem ser analisados pela GA, quando o SC ainda não foi informado delas. Ela também pode tomar uma decisão em assuntos importantes pelos votos favoráveis de dois terços de seus Membros.

Uma recomendação sobre contraterrorismo pode ser discutida no Primeiro Comitê da GA (Desarmamento e Segurança Internacional) e Sexto Comitê (Assuntos Legais).

7.2. O CONSELHO DE SEGURANÇA (SC)

É o principal responsável pela manutenção da paz e segurança internacionais. Ele pode agir usando os poderes do Capítulo VI (negociação, investigação, mediação, conciliação, arbitragem, resolução judicial, recurso a acordos ou organismos regionais, ou outros meios pacíficos).

O SC também pode usar métodos coercitivos previstos no Capítulo VII, ou seja, determinar aos Estados-Membros que façam o que segue:

- Interrupção completa ou parcial das relações econômicas;

- Interrupção da comunicação ferroviária, aérea, postal, telegráfica ou radioelétrica;

- Ruptura das relações diplomáticas;

- Embargos (proibição de vender armas, petróleo, veículos e outros itens).

Se os métodos coercitivos não fizerem efeito, ou forem inadequados, ele pode tomar ou autorizar operações aéreas, navais ou terrestres como:

- Demonstrações de força (mobilização de tropas e veículos na fronteira, fazer ataques aéreos, capturar ou afundar navios de guerra;

- Bloqueios em rotas, portos e aeroportos, exceto ajuda humanitária para a população;

- Autorizar uma Operação de Paz, usando tropas militares e policiais dos Estados Membros (Países Contribuintes de Tropa - *Troop Contributing Countries*).

Para possuir uma capacidade contraterrorista em Operações de Paz, o SC tem que prover um mandato com poderes específicos aos *peacekeepers*: Regras de Engajamento (ROE) permitindo-os a agir em casos de terrorismo e outros crimes internacionais; autorização para cumprir mandatos de Cortes Criminais Internacionais; e requerer que os Países Contribuintes de Tropas enviem alguns de seus militares com treinamento especial em contraterrorismo.

7.3. O CONSELHO ECONÔMICO E SOCIAL (ECOSOC)

O ECOSOC tem o papel de fazer recomendações concernente ao desenvolvimento, garantia e melhoria econômica, social, cultural e de saúde. Ele pode ser chamado pelo GA, Estados-Membros ou agências especializadas.

Dentro de suas muitas Comissões, a de Prevenção ao Crime e Justiça, Direitos Humanos, Narcóticos e Drogas são relacionados a assuntos terroristas, e pode conduzir estudos sobre medidas para detectá-lo e preveni-lo.

7.4. O CONSELHO DE TUTELA (TC)

O TC era responsável pela administração e supervisão de territórios para promover o desenvolvimento e o progresso visando independência. Territórios tutelados eram territórios sob mandatos da Liga das Nações, ou separados de estados inimigos depois da 2ª GM, ou submetidos voluntariamente.

Hoje não há mais territórios sob sua supervisão, mas a Assembleia Geral recomendou que o TC analise casos concernentes à integridade do meio ambiente global, o oceano, a atmosfera, o espaço sideral, e também a modificação no meio ambiente (UNITED NATIONS, <www.un.org/documents/tc.htm>).

7.5. A CORTE INTERNACIONAL DE JUSTIÇA (ICJ)

A ICJ é o principal órgão judicial da ONU. Suas funções principais são de resolver disputas submetidas a ela pelos Estados-Membros, de acordo com o Direito Internacional, e dar opiniões técnicas à Assembleia Geral, ao Conselho de Segurança e, quando autorizado pela Assembleia Geral, a outros órgãos e agências da ONU.

Concernente ao terrorismo, ela pode dar inúmeras opiniões técnicas e julgamentos, da legalidade em estabelecer uma corte Criminal Internacional ou Internacionalizada, ou mandar o caso para o Tribunal Penal Internacional, ou ainda se o ato terrorista em estudo pode ser considerado uma ameaça ou ruptura à paz e segurança internacionais.

7.6. O SECRETARIADO E O SECRETÁRIO-GERAL (SG)

O trabalho administrativo das Nações Unidas é feito pelo Secretariado, que é encabeçado pelo Secretário-Geral. Ele é dividido em ofícios, departamentos e Representantes Especiais. Sua equipe implementa programas e políticas decididas pelos outros cinco órgãos.

É o órgão mais próximo de uma operação de manutenção da paz, e seus papéis sobre ela variam do diálogo com os Países Contribuintes de Tropa em mandar pessoal militar para uma Operação de Paz, informar o Conselho de Segurança sobre a situação no terreno que os Capacetes Azuis estão vivenciando, com recomendações para mudar o mandato ou estender a missão.

O Secretário-Geral tem a responsabilidade de informar ao Conselho de Segurança sobre qualquer ameaça potencial à paz e segurança internacionais, e também outras funções confiadas a ele por qualquer órgão da ONU. Uma vez que ele é normalmente escolhido na comunidade diplomática, a ele é também confiado trazer as partes ao diálogo através de bons ofícios.

Em resumo, não há necessidade de mudança estrutural para desempenhar as tarefas especificamente relacionadas ao terrorismo, porque todo o sistema ONU foi concebido para lidar com a paz e segurança internacionais, e é um sistema bastante flexível, que se adaptou para lidar com novos desafios por toda a sua história. Tudo o que a ONU precisa é outra revisão de sua doutrina, para encarar os desafios do Século 21.

8. ESFORÇOS DA ONU CONTRA O TERRORISMO

Três semanas após os ataques terroristas ao World Trade Center, o Pentágono e o sequestro de outro avião que caiu em terra, em 11 de setembro de 2001, o Conselho de Segurança da ONU aprovou a Resolução 1373. Ele é um documento incomum porque pela primeira vez uma resolução baseada no Capítulo VII foi criada para se aplicar a todos os Estados Membros da ONU. Ela visa medidas criminais, financeiras e administrativas para trazer um fim o apoio a indivíduos e entidades envolvidas em terrorismo.

A Resolução 1373 (2001), de 28 de setembro de 2001, requisita aos Estados que evitem e impeçam o apoio financeiro de atos terroristas através de procedimentos legais e financeiros muito austeros; para cessar de prover qualquer forma de sustentação para entidades relacionadas ao terrorismo; para configurar atos terroristas como condutas criminais graves na legislação nacional, com punições severas; e estabelecer procedimentos para verificar por potenciais terroristas antes de lhes garantir a condição de refugiado, quando eles estiverem envolvidos no planejamento, participação ou cometimento de atos terroristas.

O Comitê de Contra Terrorismo (*Counter Terrorism Committee - CTC*) foi estabelecido com a Resolução 1373 (2001) para supervisionar a implementação destas medidas, bem como aumentar a habilidade dos governos em combater o terrorismo. Todos os membros do Conselho de Segurança são parte do CTC. A Resolução 1373 determina que todos os Estados informem ao CTC sobre a adoção de tais medidas, mostrando que procedimentos foram criados para cumprir com a resolução, tudo dentro de um prazo de 90 dias.

Não há referência na Resolução 1373 sobre o respeito aos Direitos Humanos Internacionais, Direito Humanitário e dos Refugiados. A situação acabou com a Resolução do Conselho de Segurança Nr 1456, de 20 de janeiro de 2003, requisitando aos Estados-Membros que garantam que os procedimentos no embate contra o terrorismo sejam feitos de acordo com todas as disposições relacionadas em Direito Internacional. Ele também requer a adoção de medidas para cumprir o Direito Internacional, especialmente os Direitos Humanos Internacionais, dos Refugiados e do Direito Humanitário. A Resolução 1456 foi um marco importante e um passo à frente para garantir respeito aos valores em Direitos Humanos Internacionais.

A Diretoria Executiva em Contraterrorismo (*Counterterrorism Executive Directorate* - CTED) foi criado em março de 2004 para garantir ajuda institucional ao engajamento contraterrorista. O CTED tem uma equipe de especialistas para dar opiniões técnicas ao CTC sobre aspectos técnicos dos relatórios dos governos.

Os relatórios ao CTC devem primeiramente relatar os progressos no posicionamento da legislação para aplicar todas as medidas da Resolução 1373, e passos dados para se tornar parte em convenções e protocolos internacionais concernentes ao terrorismo; ainda, eles informam sobre a implementação de medidas administrativas efetivas para prevenir e reprimir o financiamento de grupos terroristas.

Um estágio posterior nos relatórios deve trazer estruturas executivas (polícia, inteligência, e também aduana, imigração e controle de fronteiras; não permitir acesso a material bélico) para prevenir novos recrutas para grupos terroristas, suas reuniões, locais seguros ou outras medidas de suporte para grupos ou membros terroristas.

A metodologia de trabalho do CTC e CTED compreende:

- Visitas a países para avaliar a natureza e assistência dada ao cumprimento da SC Res 1737, e monitorar seu progresso;

- Programas de assistência técnica, financeira, regulatória e legislativa, para conectar países;

- Completar relatórios para países no que tange a circunstâncias contraterroristas, e também tornar-se um canal de diálogo para o Comitê;

- Melhores práticas, códigos e padrões, para governos poderem aplicá-los de acordo com suas necessidades e obrigações;

- Encontros com organizações internacionais e regionais, para alcançar unidade de esforço e usar os recursos da melhor maneira possível.

O Terrorismo é uma ameaça real em inúmeros países em todo o mundo. Entretanto, seus métodos de contraposição têm que observar os valores fundamentais do sistema jurídico internacional. Todos os instrumentos e diretivas disponíveis a países devem ser usados para prevenir a disseminação do terror.

Em suma, combater o terrorismo não deve causar terror à população afetada ou o terror vai continuar com outros autores. Portanto, para evitar isso, o Direito Internacional precisa ser obedecido, e o Direito Humanitário têm que ser observado sem exceções.

Alguns países argumentam que é necessário implementar poderes especiais para responder à ameaça excepcional e sem precedentes do terrorismo. Estes poderes especiais podem incluir:

- Definições amplas e subjetivas de terrorismo que são similares a crimes políticos;

- Poder de prender e deter pessoas sem um mandado judicial;

- Entrar em casas sem um mandado judicial ou um estado de flagrância;

- Quebrar o sigilo de comunicação e correspondência sem um mandado judicial;

- Manter pessoas detidas *incomunicado* mesmo em relação a seus parentes e advogado;

- Manter detenção temporária por tempo indefinido;

- Trazer terroristas para cortes militares ou *ad hoc*;

- Usar métodos de inquirição que podem parecer tortura;

- Usar a inteligência obtida ilegalmente em uma investigação.

No nível estratégico, o esforço mundial contra o terrorismo pelo Conselho de Segurança e outros atores internacionais interessados é bem planejado, bem orientado e efetivo. Hoje é muito difícil para um país ou organização dar suporte a terroristas, financiar grupos ilegais, organizar campos de treinamento para recrutas, porque os Estados-Partes e/ou a comunidade internacional vai penalizá-lo com embargos e restrições em assuntos diplomáticos e econômicos.

No nível tático, entretanto, os poderes especiais concedidos para prevenir o terror, geralmente não acompanhados por responsabilização no campo administrativo e criminal pela desvio de conduta de agentes governamentais, causaram um grande medo na população. Causar medo na população, especialmente quando isso origina ostracismo e isolamento de minorias, é contraprodutivo e contra todos os esforços para combater o terrorismo. Não é eficiente combater o medo com mais medo.

9. O PAPEL DA INTELIGÊNCIA NO CONTRATERRORISMO

Inteligência pode ser definida como uma operação de reunir informações de um inimigo, no contexto de um Conflito Armado. Reunir inteligência é indispensável para prevenir o terrorismo, uma vez que se pode identificar, entender e analisar ameaças terroristas antes de elas acontecerem, e criar uma base material para investigações e processos criminais, e também construir estratégias preventivas. Esta é uma função essencial em um país democrático, vez que possibilita julgamentos justos, e é conhecida por séculos.

Entretanto, agora os poderes e procedimentos disponíveis de agências de inteligência, com o compartilhamento internacional de informação e uma cooperação sem precedentes para procurar terroristas e seguir suas atividades, levaram a uma multiplicidade de procedimentos administrativos e legais que priorizam a segurança coletiva em detrimento das liberdades individuais.

É responsabilidade do Estado proteger seus cidadãos de qualquer ataque coletivo, e é notório que a reunião de inteligência é o único instrumento disponível para evitar ameaças à população. Além disso, os atores terroristas que possuem apoiadores em outros países podem ser muito mais bem combatidos se todos os governos afetados, e suas agências, trabalharem juntas.

Tampouco há dúvida de que a reunião de inteligência deve ser confidencial, não aberta para o escrutínio público, para assim proteger suas operações, os agentes de inteligência e, mais importante, os indivíduos investigados. Novos dispositivos eletrônicos e cooperação internacional trouxeram a inteligência ao âmago de qualquer esforço contraterrorista, mas isto não pode trazer ausência de responsabilidade para aqueles que excederem no uso de seus poderes de investigação.

A separação de poderes, caracterizada pelo sistema de *checks and balances* entre o Executivo, o Legislativo e o Judiciário, mais do que nunca precisa ser respeitado. A Inteligência não pode fazer o Poder Executivo mais pesado e mais importante que os outros.

Da mesma forma, o Estado de Direito (*Rule of Law, État de droit*) e o devido processo legal, compreendendo respectivamente as liberdades individuais (comunicação, associação, opinião e outras) e garantias judicias (contrapor a acusação, presunção de inocência, produção de provas, não aceitação de provas ilegalmente produzidas) são necessárias para proteger pessoas inocentes de inteligência mal interpretada e julgamentos injustos.

A responsabilidade é necessária para contrabalançar os poderes dados aos atores de inteligência que abusam de sua autoridade executiva. Sem dúvida, se a atividade exige sigilo, da mesma forma o procedimento legal. A confidencialidade do processo é necessária para proteger os agentes, suas famílias e também a vítima de investigação ilegal ou abusiva. A compensação para a vítima é algo necessário, mas o fato de que a pessoa entenda as consequências de abusar de seus poderes, e a certeza de que ela será punida, vai preveni-la do desvio de conduta.

A reunião de inteligência é sempre uma ameaça potencial para a intimidade individual. As operações de inteligência precisam ser secretas, e também suas fontes. Entretanto, a transparência do Estado de Direito precisa ser garantida, não mostrando métodos operacionais, mas quem é o tomador de decisão no caso de abuso, como a decisão foi tomada, e que medidas foram feitas para prevenir, ou punir, a corrupção e o uso indevido de informação ou ilegalidade.

O aumento de poderes executivos pelo Executivo é também um campo potencial para desvios de conduta. Todas as agências de inteligência possuem um relatório diário para seus superiores, mas não há supervisão por órgãos judiciários. Ademais, o monitoramento próximo e medidas de imposição legal, como prisão, detenção e interrogatório, requerem um mandato judicial para estarem no devido processo legal.

Quando os agentes privilegiam a inteligência, eles provavelmente vão aproveitar a oportunidade para deter um suspeito, interceptar suas comunicações (correio, *email* ou telefone) ou invadir seu domicílio fora do Estado de Direito (sem flagrante de crime ou mandado judicial). Isto vai acontecer apenas se não houver responsabilidade, ou expectativa de punição.

A cooperação internacional entre agências internacionais trouxe um novo perigo ao Estado de Direito e o sistema judiciário: o compartilhamento de provas sem conhecimento de como elas foram produzidas. Uma vez que o intercâmbio de informações é encorajado, uma investigação pode ser conduzida com provas produzidas em outros países.

Exemplo: o sistema jurídico do país A permite a interceptação de correio sem mandado judicial. Portanto a prova era legal no direito nacional, apesar de ela poder levar a um julgamento injusto. Esta prova pode ser usada para requerer uma extradição para o país B, que proíbe aquele procedimento ilegal. Se a extradição for concedida, o país B terá usado provas ilegais, desfigurando o devido processo legal garantido no país B.

Em alguns casos a extradição é levada a efeito mesmo quando a pessoa pode ser sujeita a tratamento inadequado devido à sua raça, religião, nacionalidade, opinião política ou por pertencer a determinado grupo. Esta condição previne a pessoa de ser extraditada, de acordo com o Princípio do *Non-Refoulement*.

Em alguns procedimentos, quando não há provas suficientes para um processo judicial, a extradição pode ser substituída pela rendição. A rendição é requerida para reunir inteligência, e o suspeito é enviado ao país estrangeiro para interrogatório, sem avisar sua família. Entretanto, sem um procedimento legal, a rendição é um desaparecimento forçado, um crime de Direito Internacional.

O Programa de Monitoramento Terrorista (*Terrorist Surveillance Program* - TSP), conduzido pela Agência de Segurança Nacional

(*National Security Agency* - NSA) nos Estados Unidos, operando depois do 11 de setembro de 2001 mas conhecido apenas desde 2005, permitiu uma supervisão eletrônica de proximidade de potenciais membros da Al Qaida, ou grupos conexos, sem um mandado judicial quando uma das pessoas envolvidas estava fora dos EUA. O TSP estava em conflito com a antiga Lei de Monitoramento de Inteligência no Exterior, e a nova regulação foi confirmada depois. Todo acompanhamento de comunicação fora dos EUA não requeria autorização ou escrutínio judicial, mesmo que uma pessoa dos EUA estivesse envolvida (REPORT OF THE INTERNATIONAL COMMISSION OF JURISTS, 2008, pg. 83).

Os poderes de investigação e detenção sem mandado judicial devem ser excepcionais, temporários e requerer suspeita suficiente baseado em informações prévias e dados reunidos. De nenhuma forma podem eles ser usados em investigações diárias, mesmo quando a integridade da Nação é afetada. A cooperação internacional contra o terrorismo inclui, além do compartilhamento de inteligência, medidas de garantia da lei e de imigração.

Dentre os temas que a reunião de inteligência surge, no que concerne à legalidade do interrogatório, são:

- Não identificação dos interrogadores;
- A ausência de um advogado durante o interrogatório do suspeito;
  O direito de intervir, através de um advogado, a questões obscuras e ambíguas;
- O direito de informar a família de sua detenção;
- O direito de não responder a nenhuma questão que não quer responder;
- O direito de negar-se a responder a uma questão sem qualquer presunção contra si;
- O direito de escolher um advogado de sua escolha (ele é escolhido pelo interrogador);
- A comunicação em confidencial com o advogado;

- Detenção sem limites de tempo, ou repetidamente renovada;

- Detenção por poderes executivos, sem confirmação judicial;

- Falta de acesso a remédios legais, como o *Habeas Corpus*, para discutir a detenção em uma corte;

- Impossibilidade de requerer que agentes testemunhem em uma corte.

As violações tomam lugar não apenas quando a inteligência é reunida, mas principalmente quando não há critérios ou regulamentos específicos sobre o acesso e o uso de tal informação. Um sistema de compilamento de informações sem especificações e descrições claras pode fazer referência a um nacional como uma ameaça terrorista, e compartilhar esta informação. Quando o nacional viaja para o exterior, ou faz negócios além-mar, ele vai ser julgado indevidamente como uma potencial ameaça e sofrer com atrasos na imigração, transferências bancárias e até mesmo entrega de correio.

Os aspectos legais na condução de uma investigação sobre atividades terroristas e o tratamento dos detidos será discutido no próximo capítulo.

O conhecimento privado sobre uma pessoa é normalmente um assunto sensível, e pode ser usado para propósitos outros que uma investigação criminal, ou enviado para outros países ou para agentes sem responsabilidade nacional em seu sistema judiciário nacional.

A primeira regra jurídica nos serviços de inteligência, concernente ao sigilo e confidencialidade, é que quando uma pessoa acessa alguma informação sensível, ela torna-se responsável para manter esta inteligência em segredo ou confidencial do público ou da mídia. Em outras palavras, ele/ela é responsável em seu sistema judicial no campo administrativo e criminal.

Em conclusão, a responsabilização apropriada é a única maneira de prevenir abusos em serviços de reunião de inteligência, e é responsabilidade tanto do país que envia como do que recebe, independente do seu ordenamento jurídico nacional.

10. DIH: O PROBLEMA OU A SOLUÇÃO?

Com o poder de detenção (explicado anteriormente) vem o direito de interrogar o suspeito, o que é também parte de qualquer investigação. Entretanto, em alguns casos pessoas suspeitas de atividades terroristas são mantidas fora do Estado de Direito, em segredo ou em detenção *incomunicado* e sem acesso a um advogado, suas famílias ou remédios judiciais como *habeas corpus*, dentre outras preocupações já expostas.

Também é dito sobre diferentes métodos de interrogatório que podem ser interpretados como tortura, dentre outros que são claramente ilegais no Direito Internacional dos Direitos Humanos.

Ambos são desempenhados com o propósito de reunir inteligência em situações sensíveis, quando qualquer conexão entre o detido e o exterior pode arruinar a investigação e trazer uma ameaça para o país, quando o suspeito realmente é um terrorista e pode ordenar um ataque a bomba ou um assassinato.

Toda esta discussão toma lugar por causa do uso do ordenamento jurídico dos Direitos Humanos, que não é a ferramenta mais adequada quando o governo lida com inimigos em um Conflito Armado Não-Internacional, Assimétrico e de Baixa Intensidade, onde as partes são o Governo e o grupo terrorista.

Na situação o arcabouço jurídico correto é o Direito Internacional Humanitário. Portanto, qualquer membro de uma parte (Governo ou grupo terrorista), pode ser considerado um Combatente, e ter garantida a condição de Prisioneiro de Guerra até que haja base suficiente para afirmar que ele cometeu um crime em Direito Internacional (terrorismo ou outro crime contra a humanidade). Dessa maneira um processo legal pode ser iniciado em uma corte competente para lidar com tais ofensas.

Apenas assim sua condição vai mudar de Prisioneiro de Guerra para Criminoso de Guerra, porque há provas suficientes que ele cometeu um crime (usando métodos ilegais de combate, causando terror disseminado perante a população, e o processo contra ele pode começar.

Quando houver dúvida sobre a condição do detido, ele deve ser considerado um Prisioneiro de Guerra, porque qualquer pessoa engajada em combate deve ter esta garantia, até o devido esclarecimento.

Quando houver evidência suficiente de que o terror foi utilizado, ou planejava-se utilizá-lo, e está claro que o terrorismo é um método de combate ilícito, há dados suficientes para afirmar que existe um Conflito Armado, e o detido envolvido em terrorismo é um potencial Combatente, e um potencial Prisioneiro de Guerra caso seja detido.

Um Prisioneiro de Guerra é definido como qualquer combatente que caia nas mãos do inimigo, seja ele de uma Força Armada regular, uma Guerrilha, um grupo insurrecional ou um terrorista. Para ser um Combatente, a pessoa deve ter os requisitos abaixo (já explicados no Capítulo Cinco):

- Ter um comandante responsável por seus subordinados (cadeia de comando);

- Possuir um sinal distintivo reconhecível à distância (uniformes, fardas);

- Portar armas ostensivamente;

- Respeitar, em suas operações, as leis e costumes da guerra.

Enquanto um potencial terrorista for considerado um combatente, procedimentos de vigilância, intercepção de comunicação, prisão individual e detenção para interrogatório, tudo sem mandado judicial, são métodos executivos legais para reunir inteligência do inimigo, e dentro do escopo legal do Direito Internacional Humanitário e do Direito dos Conflitos Armados.

Quando uma pessoa suspeita de terrorismo é detida, a condição de Prisioneiro de Guerra (*Prisoner of War* – POW) deve ser-lhe garantida, porque ele é um Combatente lícito até que haja evidência que ele cometeu crimes em relação ao Direito Internacional.

Como Prisioneiro de Guerra, ele vai receber o tratamento apropriado, nos seguintes termos:

- Ele será detido até o fim das hostilidades contra aquele grupo, porque ele não pode ser liberado e juntar-se novamente à Parte Adversa;

- Ele não tem acesso a instrumentos judiciais como *Habeas Corpus*, ou a advogados, mas ele não é considerado como tendo cometido qualquer crime no direito nacional;

- Ele não pode se comunicar com outra pessoa além do representante do Movimento da Cruz Vermelha e do Crescente Vermelho, para não dar informações sensíveis à Parte Adversa (o grupo terrorista ou pessoas afiliadas);

- Ele será tratado com humanidade, e de nenhuma forma será obrigado a responder quaisquer questões durante seu interrogatório; e

- Em nenhuma hipótese ele será torturado, e confissões feitas mediante tortura serão consideradas nulas e sem efeito, com compensação abrangente para o indivíduo.

Entretanto, quando houver base suficiente para a acusação de participação ou ação em um ato terrorista, sua condição mudará de Prisioneiro de Guerra para um Criminoso (por terrorismo ou crimes contra a humanidade) em Direito Internacional, porque ele não cumpriu os requisitos para ser um POW: ele não respeitou as leis e costumes da guerra ao usar métodos ilegais de combate ao causar terror disseminado na população civil.

Ainda, ele/a não se distinguiu da população civil, porque ele/a não usou uniformes ou fardas, o que é uma violação ao Princípio da Discriminação; tampouco portou armas ostensivamente. Estes são claros exemplos de Perfídia, uma violação do IHL.

Portanto, o suposto criminoso será julgado por uma corte internacional (ou internacionalizada) pelos crimes que cometeu. Se não houver evidência suficiente para o processo, ele/a será liberado.

Entretanto, em todo caso ele/a será tratado humanamente, i. e., não ser torturado ou sofrer com tratamento cruel, desumano ou degradante. Se ele for considerado um criminoso nacional, ele será enviado a uma corte nacional para ser processado. De nenhuma forma o tratamento desumano é aceitável.

O caso relativo à morte de Osama bin Laden é um claro exemplo de como o arcabouço jurídico correto pode influenciar a legitimidade da operação. Ele usou uma de suas esposas como escudo humano para resistir à prisão (De acordo com a versão não oficial da cena. ABC News May 02, 2011, <www.abcnews.go.com>). No final o Objetivo Militar foi alcançado, mas houve um dano colateral, a morte do escudo humano.

Se se tentar analisar o caso dentro do ordenamento dos Direitos Humanos, a operação foi completamente ilegal, porque em Direitos Humanos não há dano colateral. Negociação ou outros métodos não-letais deveriam ter sido usados, e cercar todo o prédio até ele se render, ou houver uma oportunidade de neutralizá-lo sem risco para o refém, ou o refém está em perigo real e imediato. Mas este não é um ponto de vista razoável.

Entretanto, se o observador estudar o caso usando o ordenamento do Direito Internacional Humanitário, bin Laden era considerado um Combatente, portanto um Objetivo Militar, e sua neutralização era considerada uma Necessidade Militar. Não havia tempo para um cerco, ou negociação porque era uma situação que exigia uma resposta imediata. A morte do escudo humano, apesar de desafortunada, foi um dano colateral proporcional aos objetivos alcançados.

Bin Laden poderia ser preso e levado a julgamento em uma Corte Internacional por crimes em Direito Internacional (Apesar de as cortes internacionais terem responsabilidade subsidiária (veja Capítulo 6), o julgamento de Osama bin Laden seria deveras complicado em cortes nacionais, uma vez que muitos países (EUA, Inglaterra e França, entre outros) alegariam que eles têm jurisdição sobre os crimes cometidos por bin Laden ou Al Qaeda em seus territórios (competência *ratione loci*), e contra seus cidadãos (competência *ratione personae*)), ou seja, terrorismo e/ou crimes contra a humanidade. Mas a resposta dos EUA ao terrorismo em casos anteriores, com alegações de tortura e tratamento desumano, pode tê-lo levado a tomar a decisão de resistir à prisão.

O caso bin Laden foi válido e justificável dentro do ordenamento do IHL, mas está longe da solução ideal de longo prazo para o terrorismo internacional, que deve ser procurada se um país deseja lutar contra as causas raiz do terrorismo, e prevenir grupos terroristas de recrutar novos membros e desmoralizar seus líderes.

Uma resposta unicamente militar ao terrorismo pode trazer uma solução de curto prazo, mas cria problemas de longo prazo, e a ameaça pode ficar dormente, aguardando por uma oportunidade para crescer novamente. Não obstante, o Estado não pode usar métodos ilegais de combate para lutar com combatentes, mesmo quando eles usam a Perfídia ou outros instrumentos proibidos contra ele.

Uma resposta abrangente ao terrorismo deve incluir:

- O recolhimento de inteligência (A operação de reunir inteligência (do inimigo) é diferente de coletar provas em inquéritos para instrução criminal (contra o cidadão). No IHL, não há necessidade de um mandado judicial para reunir inteligência do inimigo, porque está dentro do poder executivo de qualquer operação militar) com métodos legais (no Direito Internacional Humanitário, o ordenamento jurídico adequado e aplicável), para que eles possam ser usados na corte para um julgamento justo;

- Uma Corte Criminal Internacional ou Internacionalizada, competente para processar e julgar crimes em Direito Internacional, como o terrorismo;

- Um órgão executivo capaz de cumprir seus mandados judiciais, incluindo prisão, detenção, intimações e notificações, que pode ser uma Operação de Manutenção da Paz. Exemplo: as funções e autoridades dadas à Administração Transitória das Nações Unidas no Timor Ocidental (*United Nations Transitional Administration in East Timor - UNTAET*) e na Missão das Nações Unidas em Kosovo (*United Nations Mission in Kosovo - UNMIK*).

- O respeito à dignidade do ser humano, em todos os casos e a todo tempo.

Não há necessidade de leis e regulamentos específicos para lutar contra o terror. As Convenções de Genebra, especialmente o Artigo 3º comum, não enfraquecem o esforço contraterrorista. Estas Convenções foram criadas logo depois da 2º Guerra Mundial. Eles estavam cientes das necessidades militares tanto quanto da proteção humanitária, e abusos que poderiam ocorrer quando estes regulamentos não fossem respeitados.

O Direito Humanitário e os Direitos Humanos não foram criados em momento de paz e estabilidade política. Ao contrário, sua *raison d'être* era criar um arcabouço jurídico para responder efetivamente às crises mais sérias. Os Direitos Humanos não são supérfluos, e não podem ser ignorados em tempos severos, mesmo quando alguns deles possam ser suspensos em casos de emergência. Ao contrário, é a base para uma resposta efetiva a ameaças contra a paz e segurança internacionais.

A transição para a paz em países devastados por conflitos armados caracterizados pelo uso de terrorismo e outros métodos ilegais de combate deve ser feito com total observância dos Direitos Humanos, como:

- Um *ombudsman* independente ou outro canal para reclamações, com força legal suficiente para examinar queixas de civis contra agentes de polícia ou militares;

- Monitorar as forças policiais e militares nas exigências para recrutamento até as atividades burocráticas diárias, e assegurar participação da população inteira no recrutamento;

- Regulamentos disciplinares, treinamento em Direitos Humanos e códigos de conduta;

- Gravar interrogatórios e oitivas, permitindo que um advogado esteja presente quando a pessoa é acusada de crimes, em Direito Nacional ou Internacional;

- Promulgar leis nacionais de acordo com o ordenamento jurídico internacional dos Direitos Humanos;

- Leis nacionais promovendo igualdade e ações afirmativas às minorias;

- Sistemas judiciais e processuais rápidos, justos e acessíveis;

- Criação de agências executivas para promover a igualdade e os Direitos Humanos;

- Respeitar a igualdade e os Direitos Humanos em todas as políticas governamentais, do fomento econômico à participação de jovens em debates sobre proposições de leis polêmicas.

Em conclusão, afirmamos que o IHL é o valor essencial para a manutenção da paz e segurança internacionais, e para combater o terrorismo e outras ameaças à estabilidade de um país (Os Direitos Humanos são mais propensos a serem respeitados em Estados onde o Estado de Direito prevalece, porque há uma paz sustentável. Entretanto, se um Estado é tão fraco que ele não pode manter o Estado de Direito para o benefício de seus cidadãos, e a paz é ameaçada, o IHL é o conjunto de regras que vai guiar a conduta de todas as operações contra os vândalos do processo de paz).

11. SOBERANIA ESTATAL: UM ESCUDO OU UM ALVO?

A cooperação internacional entre as agências de inteligência e esforços de Governos, expostos nos capítulos anteriores, não são sempre suaves. O governo paquistanês, por exemplo, desaprovou com veemência a operação desencadeada no Paquistão, sem seu conhecimento ou consentimento, pelas Forças Especiais dos Estados Unidos em maio de 2011, que resultou na morte de Osama Bin Laden (ABC News, May 02, 2011, <www.abcnews.go.com>).

Islamabad declarou que a Operação *Geronimo* executada em maio de 2011 em um prédio murado para matar ou capturar o homem procurado por uma década por atos terroristas e apoio a grupos terroristas, é uma clara violação de seu território e soberania. Houve também reclamações sobre ataques usando veículos não-tripulados (*drones*) e outras ações sem comunicação prévia.

Em julho de 2011, o Congresso dos EUA recebeu a informação que Osama Bin Laden viveu um bom tempo em Abbottabad, perto da principal academia militar paquistanesa, e resolveu suspender uma ajuda militar de US$ 800 milhões ao Paquistão. As tensões também se elevaram depois que o Almirante Mike Mullen declarou que as forças de segurança paquistanesas mataram o jornalista Syed Saleem Shahzad, depois que ele publicou que pessoas extremistas estavam sendo recrutadas pelo Exército paquistanês (RESENHA, Jul 10, 2011, <www.exercito.gov.br>).

As relações entre países, como estatuído na Carta da ONU, Artigo 2º, são fundadas no Princípio da Igual Soberania dos Estados, com o fim de manter a paz e segurança internacionais, desenvolver relações amigáveis entre países, cooperar no nível internacional para resolver problemas econômicos, sociais, intelectuais ou humanitários, e harmonizar os esforços das nações na direção de objetivos comuns.

Inobstante, certos atores dos combates contemporâneos não estão adstritos aos Princípios da ONU, como por exemplo em Conflitos Assimétricos, onde uma ou mais partes não são reconhecidas como pessoas jurídicas internacionais (rebeldes, milícias, revolucionários, soldados dissidentes, guerrilhas, lutadores de liberação), onde não há um *front* claro, com territórios que são totalmente controlados por uma das partes, e combatentes engajam no conflito sem observância, ou mesmo conhecimento, do Direito Internacional Humanitário ou do Direito dos Conflitos Armados.

No Conflito Assimétrico, as partes não são iguais em estrutura, forças, logística, métodos e tecnologia. Em Conflitos Armados Não Internacionais, a desproporcionalidade é causada pelos recursos militares disponíveis apenas para os Estados, principalmente o suporte financeiro dos impostos pagos pelos seus cidadãos.

Hoje outros atores bélicos estão disponíveis no teatro de operações, como senhores da guerra, traficantes de drogas, organizações criminosas e grupos terroristas, ou uma mistura deles (Ex: guerrilheiros que também se tornaram traficantes de drogas para manterem suas operações, e organizações criminosas que podem usar o terror para ganhar a atenção da mídia). Todos estes grupos têm vantagens econômicas quando operam em um Estado instável, porque eles gastam menos dinheiro em subornos, segurança e despistamentos.

Uma vez que não há *front*, nem pessoas jurídicas internacionais nos dois lados, o Conflito Assimétrico pode ser conduzido em mais de um país, e pode haver terceiros opondo um dos lados ou apoiando-o, criando um Conflito Armado Internacionalizado, muito fácil de ser encontrado, e muito difícil de ser provado.

O Conflito Assimétrico é principalmente o uso de meios ou estratégias de combate com o intuito de explorar as qualidades (Assimetria Positiva) ou as fraquezas do inimigo (Assimetria Negativa) (GRANGE, David. Asymmetric Warfare: Old Method, New Concern. <blackboard.jfsc.ndu.edu>). Mas a maior diferença entre as partes é a velocidade de batalha.

A parte mais forte e mais capaz em um Conflito quer uma vitória rápida, porque a manutenção de uma estrutura de guerra de alta tecnologia é muito custosa, e uma guerra prolongada pode se tornar impopular dentre seus cidadãos. A parte mais fraca, ao contrário, ganha com um combate lento. Ao detectar os erros do inimigo e atacando pontos específicos, eles causam desmoralização e ganham com menos capacidade combativa.

Atores Não-Estatais, não por coincidência, normalmente escolhem executar suas operações em terrenos e condições desfavoráveis (selva, montanha e deserto são os favoritos), com o fim de retardar as tropas estatais convencionais e fazer seu suporte mais dispendioso. Além disso, eles atacam tropas novas e inexperientes, e de surpresa (através de emboscadas e sabotagens).

Já foi exposto que o Combate de Guerrilha é um método legal de combate no IHL. Ademais, se um grupo não tem, ou não quer usar, um canal de diálogo ou por qualquer outro meio uma participação política naquele país, é razoável que eles tomem em armas para opor o Governo.

A conduta ilícita surge para os atores não-estatais, como os terroristas, no que concerne tanto o *jus ad bellum* como o *jus in bello*, nos casos exemplificados abaixo.

Quando um terrorista faz saber que ele tem razões religiosas, ideológicas ou morais para tomar em armas contra um Governo, ele implicitamente afirma que está acima do Direito Internacional Humanitário. Portanto, ele acredita que não precisa obedecer as regras do IHL, porque seus objetivos são muito importantes para ele para serem limitados, ainda que por princípios humanitários. O *jus ad bellum* usado para lutar é insustentável, não importa contra quem.

Sobre o *jus in bello*, quando eles tomam em armas em um ambiente urbano, dentre a população civil, eles estão se abrigando no meio de Pessoas Protegidas no Direito dos Conflitos Armados. Esta conduta é considerada uma Perfídia, e pode ser considerada um crime em Direito Internacional. Outros exemplos de Perfídia comumente cometidos nos combates atuais são os sequestros e assassinatos de membros do serviço sanitário, de ajuda humanitária e jornalistas.

O combate terrorista é ainda mais torpe, porque eles não apenas se camuflam dentre a população civil, mas eles também atacam alvos sensíveis para a população, causando terror disseminado com o propósito de diminuir o poder de polícia do governo, o que faz os cidadãos se oporem ao governo.

O poder de polícia é uma parte importante da soberania de um Estado, necessária para impor a lei e a ordem através de sanções legais, induções, meios físicos e coerção, com o fim de garantir a saúde e a segurança de seus cidadãos.

Em outras palavras, diminuir o poder de polícia é uma tentativa contra a soberania de uma Nação, portanto o ataque terrorista é um golpe na existência de uma Nação, e um crime em Direito Internacional, como exposto anteriormente.

Quando um país possui terroristas (ou outros atores não-estatais em Direito Internacional) em seu território, agindo contra as regras do Direito Internacional Humanitário, e eles são capazes de conduzir suas operações, existem duas possibilidades: o Estado está apoiando o grupo terrorista, ou é incapaz de lidar com ele.

Em ambos os casos, a comunidade internacional deve intervir quando o Estado não pode lidar com os terroristas sozinho, para restaurar e manter a soberania da Nação, e proteger a população civil. Nestes casos, é improvável que a diplomacia vá funcionar, porque os grupos não vão dialogar, e não há negociação viável quando o grupo tem vantagens econômicas e logísticas ao manter um Estado frágil como cobertura para suas operações.

Quando a situação alcança este patamar, uma Operação de Paz é uma solução disponível para a comunidade internacional reagir contra esta ameaça à paz e segurança internacionais, e restaurar e preservar um ambiente seguro e estável para a população civil.

O governo paquistanês pode não apoiar a Al Qa'ida ativamente, mas o grupo terrorista estava tirando vantagem de sua soberania como um escudo para executar suas operações, e os alvos foram muitas nações ocidentais (Estados Unidos, França e Inglaterra, por exemplo).

A tensão Washington-Islamabad em 2011 poderia ter sido resolvida muito mais facilmente se a comunidade internacional e o Paquistão considerassem o terrorismo como um crime em Direito Internacional, e Al Qa'ida um ator não-estatal agindo fora do IHL em termos de objetivo (*jus ad bellum*) e métodos (*jus in bello*). Deste ponto de vista, a incursão em território paquistanês é completamente genuína, e a intenção das tropas dos EUA não era de ocupar ou invadir território estrangeiro, mas de encontrar e neutralizar um combatente, e uma pessoa procurada por crimes de Direito Internacional.

Este caso demonstra a necessidade que uma força de manutenção da paz tenha soldados treinados especificamente para este tipo de operação, para proporcionar uma capacidade contraterrorista disponível para lidar com potenciais vândalos do processo de paz. Se os Capacetes Azuis possuem a legitimidade, eles devem também possuir o equipamento e o treinamento para lidar com pessoas que não querem dialogar ou negociar.

Concluímos que a soberania estatal pode não ser apenas um escudo para atividades terroristas, mas também o principal alvo do terror. E em ambos os casos, uma Operação de Manutenção da Paz é uma solução para a ameaça terrorista em países frágeis, assim como outras ameaças à paz e segurança.

CONCLUSÃO

As principais fontes do Direito Internacional Humanitário são consuetudinárias, mas existem também os Regulamentos de Haia de 1907, sobre as leis e costumes da guerra terrestre, as Convenções de Genebra de 1949, os dois Protocolos Adicionais de 1977, e muitas outras convenções restringindo ou proibindo certas armas. Estes regulamentos devem se aplicar a todas as pessoas engajadas em combate, não importa que tipo de combatente ele/a seja, ou a observância a suas regras.

Adicionalmente, em quaisquer circunstâncias um conflito armado é regulado pelo Artigo 3º comum às Quatro Convenções de Genebra de 1949. A este respeito, a Corte Internacional de Justiça considerou-o as mínimas considerações de humanidade, uma regra aplicável aos conflitos armados, sejam eles internacionais ou não.

Como exposto previamente, em todos os tipos de conflito armado, uma das regras mais importantes para a conduta das hostilidades é que todas as partes façam a distinção entre si mesmas, como elementos bélicos, e pessoas não diretamente envolvidas no conflito, como a população civil, grupos armados que se renderam ou se tornaram *hors de combat*, por doença, ferimentos, detenção ou outras causas.

Ainda, todas as pessoas que não são, ou não estão mais, participando do conflito devem ser tratadas humanamente, e elas não devem sofrer atos contra suas vidas e integridade física, incluindo mutilações, tortura e outros tratamentos cruéis. Ademais, qualquer pessoa engajada em combate, independente de sua nacionalidade, têm que respeitar as regras fundamentais para a condução das hostilidades, sejam eles forças armadas, milícias, organizações criminosas ou terroristas.

Entretanto, a assimetria de um conflito, especialmente em recursos tecnológicos, pode levar a parte desfavorecida a desrespeitar as regras de IHL, para poder durar na ação, ou seja, usar a única alternativa possível para continuar lutando. Inobstante, esta opção é ilegal, e deve ser considerada um crime de Direito Internacional. Em termos jurídicos, é assim que surge o terrorismo.

Portanto, com o fim de prevenir o terror, a comunidade internacional deve mostrar que o terrorismo não é uma opção legal para nenhuma parte em um conflito, e confirmar isto tanto no nível estratégico como no tático, através da prevenção mas principalmente punindo seus autores.

A melhor maneira para o combatente sobreviver é evitar que o inimigo o localize, e identificar as tropas inimigas no terreno. Este despistamento pode ser feito por muitos métodos lícitos (camuflagens, *ruses de guerre*, contrainteligência, etc).

Por outro lado, quando o combatente tenta despistas a si mesmo dentre a população civil, usando roupas civis durante o ataque, ou usando a proximidade de pessoas ou propriedade civil para escudar a si mesmos, para se beneficiarem da condição de pessoas protegidas, eles não estão apenas mascarando a si mesmos, mas também expondo a população civil ao perigo de dano colateral. Isto é Perfídia, e é considerado um crime em Direito Internacional.

Os terroristas vão ainda mais longe. Eles não apenas usam de Perfídia para executar suas operações, cobrindo a si mesmos como não-combatentes, mas eles também visam pessoas ou propriedades protegidas, com a intenção de arruinar a soberania de um Estado. Ao fazer isso, eles colocam em perigo o mesmo Estado que protege a população civil. Este é um crime contra a humanidade, e desta forma os violadores do LoAC e IHL devem ser processados por crimes de natureza internacional.

Hoje a escravidão e a pirataria são considerados crimes de características internacionais, mas há poucos séculos atrás os esforços contra estas duas condutas ilegais não eram consideradas como tal. Até a comunidade internacional se tornar ciente de que a escravidão e a pirataria tinham que ser combatidas mundialmente, seus perpetradores ainda tinham locais seguros para praticarem seus negócios.

Durante o Século XVIII muitos acordos internacionais foram assinados para reprimir a escravidão. Alguns deles foram bem sucedidos, e muitos não foram, devido à ausência de instituições e procedimentos apropriados para sua imposição. O primeiro documento internacional especificamente relacionado à escravidão foi a Declaração de 1815 relativa à Abolição Universal do Tráfico de Escravos, com escopo e aplicabilidade limitados.

Devido a uma evolução doutrinária, agora a escravidão é considerada:

- Um crime em Direito Internacional, desconsiderando qualquer qualidade da pessoa (raça, sexo, etc);

- Quando cometido por um governo, é um crime contra a humanidade;

- Se cometido por uma nação em guerra contra os cidadãos do oponente, um crime de guerra.

A pirataria é similar a um ato de agressão, mas cometido por atores não-Estatais contra um navio. Não são apenas meros atos de roubo e violência, mas uma interferência ao livre comércio entre as nações, e uma ameaça ao comércio internacional. Se a comunidade internacional não considerasse a pirataria um crime em Direito Internacional, os esforços para lutar contra os piratas seriam paliativos.

O terrorismo é a ameaça mundial do Século XXI, assim como a escravidão e a pirataria foram no passado. O entendimento apropriado do ato criminal é necessário para fazer uma contraposição adequada, e é razoável acreditar que o terrorismo vai seguir o mesmo caminho que as ameaças internacionais anteriores.

No passado, ameaças à paz e segurança internacionais eram lidadas por cada país separadamente, de acordo com sua capacidade militar e suas possibilidades financeiras. Entretanto, hoje uma Operação de Paz é um instrumento capaz de lutar contra estas ameaças em países que não possuem recursos suficientes para lidar com ela (países frágeis), porque elas podem trazer legitimidade e unidade de esforço para todos aqueles que lidam com os perigos contra a paz.

O terrorismo é uma ameaça à Soberania do Estado, e portanto, à existência de uma Nação. Seja ela pequena ou enorme, seja a vítima um país forte ou falho, ela deve ser considerada uma ameaça à paz e segurança internacionais, e um crime em Direito Internacional, para ser combatida adequadamente no nível tático assim como no estratégico.

Entretanto, a regra nas relações internacionais é de não intervir, de acordo com o Artigo 2, Parágrafo 1, da Carta das Nações Unidas. Intervenções, especialmente se usarem poder militar, são as exceções. De mais a mais, qualquer tipo de intervenção, de um grupo de países, e/ou de uma organização regional (como a ECOWAS) ou organização internacional (como a ONU) tem que respeitar as seguintes regras, que constituem a Doutrina da *Responsabilidade de Proteger* (*La Responsabilité de Protéger,* 2001, pg 17):

- A situação tem que ser avaliada do ponto de vista daqueles que requerem ou necessitam de apoio, não do ponto de vista daqueles que podem querer intervir (requerimentos de razão justa e boa intenção para desengatilhar um engajamento de outros países trabalhando juntos);

- Uma vez que é responsabilidade de cada Estado proteger seus cidadãos (i. e., garantia ao respeito de direitos humanos e liberdades fundamentais em seu território), esta tarefa vai ser desempenhada por outros apenas se o Estado afetado não puder ou não quiser assumir a responsabilidade (requerimento de último recurso);

- A responsabilidade de proteger compreende a reação, a prevenção e a reconstrução, com o fim de prevenir futuras recorrências, do contrário os esforços feitos estarão em risco quando a comunidade das nações retrair do terreno;

- A "responsabilidade de proteger" não é o "direito de intervir" em um país instável, mas a obrigação subsidiária da comunidade das nações em ajudar uma população ou uma minoria em perigo em um país reticente ou incapaz de cumprir suas obrigações perante seus cidadãos;

- A legitimidade de uma intervenção e o exercício de poderes coercitivos são alcançados através de uma decisão coletiva, tomada pela comunidade das nações, não individualmente;

- Uma intervenção não pode causar mais dano do que o perigo que ela pretende lutar (em outras palavras, eficiência operacional, proporcionalidade de recursos e perspectivas coerentes);

- Vontade política dos países mobilizados é necessário para criar uma coalizão sólida, alcançar um emprego militar comum e o cumprimento de objetivos comuns.

Quando um governo não quer, ou não pode, proteger seus cidadãos, organizações terroristas terão espaço e recursos suficientes para conduzir suas operações, inicialmente no país e, quando ela aumentar seu orçamento e recursos humanos, a organização terrorista vai ameaçar outros países, e tornar-se uma ameaça à paz e segurança internacionais. Portanto, a inatividade e mera neutralidade não são uma solução viável.

Em conclusão, lutar contra o terror é o desafio da comunidade internacional neste século. Operações de Paz capazes de contrapor o terrorismo, autorizadas por seu mandato e suas Regras de Engajamento, e também autorizadas para agir como órgão executivo de Tribunais Criminais Internacionais, junto com a devida doutrina de terrorismo como um crime de Direito Internacional, e serviços de inteligência para coletar evidências de acordo com o Direito Internacional Humanitário, são uma grande oportunidade para se obter uma política contraterrorista de longa duração.

BIBLIOGRAFIA

ABC News, Disponível em <www.abcnews.go.com>. Acessado em 02 de Maio de 2011.

BALMOND, Louis. *Droit du recours à la force*. Université de Nice, 2010.

BBC News. Disponível em <news.bbc.co.uk>. Acessado em 02 de Maio de 2011.

BOLZ, Frank Jr; DUDONIS, Kenneth J. *Counterterrorism Handbook*. CRC, 2002

BOUCHET-SAULNIER, Françoise. *La Guerre contre le terrorisme et le droit humanitaire*. Université de Nice, 2010.

BOUVIER, Antoine A. *International Humanitarian Law and the Law of Armed Conflict*. Peace Operations Training Institute, 2008.

BROWNLIE, Ian. *Principles of Public International Law*. Oxford Press, 2008.

CONOIR, Yvan. *The Conduct of Humanitarian Relief Operations: Principles of Intervention and Management*. Peace Operations Training Institute, 2008.

FOLHA ONLINE, Disponível em < http://www1.folha.uol.com.br/folha/reuters/> Acesso em 12 de junho 2011.

GASSER, Hans Peter. *Acts of Terror, Terrorism and International Humanitarian Law*, Université de Nice, 2010.

HÅRLEMAN, Christian. *An Introduction to the UN System: Orientation for Serving on a UN Field Mission*. Peace Operations Training Institute, 2008.

INTERNATIONAL HUMANITARIAN LAW, HUMAN RIGHTS AND PEACE OPERATIONS. 31st Round Table. International Institute of Humanitarian Law. Sanremo, 2008

JONES, Bruce. *Looking to the Future: Peace Operations in 2015*, Recueil de Lectures du Séminaire d'approfondissement des Missions de Paix de Nations Unies. UQAM, 2011.

LA RESPONSABILITÉ DE PROTÉGER. *Rapport de la Commission Internationale de l'Intervention et de la Souveraineté des États.* Centre de Recherches pour le Développement International, 2001.

MARIGHELLA, Carlos. *Minimanual do Guerrilheiro Urbano,* New World Liberation Front, 1970, p. 32.

MEDHURST, Paul. *Global Terrorism.* Peace Operations Training Institute, 2008.

MEYROWITZ, Henri. *Le principe de l'egalité des belligérants devant le droit de la guerre.* Université de Nice, 2010.

MILLET-DEVALLE, Anne-Sophie. *Religions et Droit International Humanitaire.* Université de Nice, 2010.

SECONDAT, Charles de (Baron de Montesquieu). *L'esprit des lois.* Université de Nice, 2010.

MOULIER, Isabelle. *La répression des crimes de Droit International.* Université de Nice, 2010.

PICTET, Jean. *Les principes du Droit International Humanitaire.* Université de Nice, 2010.

PROGRAMME HUMANMED. *Guerre Asymétrique et droit international humanitaire, possibilités de développement.* Université de Nice, 2010.

RAM, Sunil. *The History of United Nations Peacekeeping Operations During the Cold War: from 1945 to 1987.* Peace Operations Training Institute, 2008.

RAM, Sunil. *The History of United Nations Peacekeeping Operations Following the Cold War: from 1988 to 1996.* Peace Operations Training Institute, 2008.

RAM, Sunil. *The History of United Nations Peacekeeping Operations From Retrenchment to Resurgence: 1997 to 2006.* Peace Operations Training Institute, 2008.

REPORT OF THE INTERNATIONAL COMMISSION OF JURISTS, *Assessing Damage, Urging Action.* Report of the Eminent

Jurists Panel on Terrorism, Counter-Terrorism and Human Rights. Université de Nice, 2008, pg. 83.

RESENHA ONLINE. Disponível em <www.exercito.gov.br>. Acessado em 10 de julho de 2011.

RONA, Gabor. *Interesting Times for International Humanitarian Law: Challenges from the War on Terror.* Université de Nice, 2010.

ROTH, Kenneth. *The Law of War in the War on Terror.* Université de Nice, 2010.

ROUSSEAU, Jean-Jacques. *Du Contrat Social.* Université de Nice, 2010.

SOBEL, Lester A. *Political Terrorism,* Facts on File, New York, 1978.

UNITED NATIONS. Security Council Resolutions and other UN documents. Disponível em <www.un.org>. Acessado em 10 de junho de 2010.

VEUTHEY, Michel. *Cours de Droit International Humanitaire.* Université de Nice, 2010.

VEUTHEY, Michel. *Perspectives et propositions pour mieux faire respecter le droit international humanitaire.* Université de Nice, 2010.

WILKERSON, Philip R., RINALDO, Richard J. *Principles for the Conduct of Peace Support Operations.* Peace Operations Training Institute, 2008.

###

Este livro representa a opinião do autor, e nada mais; ele não representa a opinião de qualquer governo, organização ou terceiros.

Da mesma forma, ele não contém qualquer informação sensível ou confidencial. Eu sempre jogo pelas regras.

Agradeço pelo seu interesse em ler este ebook. Meu sincero obrigado. Certamente muitas pessoas não vão concordar com ele, como é comum em qualquer discussão em Direito... Portanto eu gostaria de saber seu ponto de vista.

Fique à vontade para mandar sugestões, comentários e opiniões para rogeriocietto@uol.com.br, Assunto Combatendo o Bom Combate. Seu email é muito bem vindo.

Lamento informar que você não vai me encontrar no Facebook, Twitter, Orkut ou qualquer outra mídia do tipo.

Algumas informações sobre mim:

Formação Acadêmica

1998 - 2002 - Graduação em Direito.

Faculdade de Direito de Itu, Faditu, Brasil

2004 - 2005 - Pós-Graduação em Direito Tributário.

Faculdade de Direito de Itu, Faditu, Brasil

2008 - 2008 - Pós-Graduação em Aplicações Complementares às Ciências Militares - Direito.

Escola de Administração do Exército, EsAEx, Salvador, Brasil

2009 - 2010 - Pós-Graduação (Especialização) em Direito Internacional Humanitário

Programa HUMANMED - Université de Nice, France

2011 - 2012 – Qualificação Profissional em Operações de Paz

Peace Operations Training Institute, United States of America

Organizações Militares em que estive:

2008 - Escola de Administração do Exército, Salvador, Brasil

2009 – 8ª Região Militar, Floresta Amazônica, Belém, Brasil

2010 – Companhia de Fronteira Amapá, Oiapoque, Brasil

2011 – Departamento de Engenharia e Construção, Brasília, Brasil

2012 – Batalhão Brasileiro no Haiti, Port-au-Prince, Haiti

2013 – Comando de Operações Especiais, Goiânia, Brasil

9 798230 539353